好销售

先要

做减法

你非改不可的16个坏习惯

马歇尔·古德史密斯（Marshall Goldsmith）

唐·布朗（Don Brown）

比尔·霍金斯（Bill Hawkins）/著

陆静/译

龙門書局

Marshall Goldsmith, Don Brown, and Bill Hawkins
What Got You Here Won't Get You There In Sales
ISBN: 978-0-07-177394-2

图书在版编目（CIP）数据

好销售先要做减法：你非改不可的 16 个坏习惯 /（美）古德史密斯（Goldsmith,M.）等著；陆静译．—北京：龙门书局，2014.3
书名原文：What got you here won't get you there in sales
ISBN 978-7-5088-4195-3

Ⅰ．①好…　Ⅱ．①古…　②陆…　Ⅲ．①销售-方法　Ⅳ．① F713.3

中国版本图书馆CIP数据核字（2014）第044537号

责任编辑：徐　烁　张晓雪 / 责任校对：刘亚琦
责任印制：张　倩 / 封面设计：徐道会
版式设计：金舵手世纪

龙门书局出版
北京东黄城根北街16号
邮政编码：100717
http://www.sciencep.com

新科印刷有限公司　印刷
科学出版社发行　各地新华书店经销
＊

2014年4月第　一　版　开本：720×1000　1/16
2014年4月第一次印刷　印张：14
字数：150 000

定价：42.00元
（如有印装质量问题，我社负责调换）

我们如何选择该停止的不良习惯

首先，对于你购买此书，我们表示衷心的感谢，你以及你的客户将会看到此书对你们的帮助。本书讲述的是那些在过去的工作中有助于你成功的方式方法在未来可能不再奏效。"客户希望你改变的16个销售坏习惯"——这就是我们所要讨论的成功之道，不是努力做什么，而是在销售中停止做什么将变得更加有效。

但是，为什么你必须听我说？为什么你必须阅读此书？

以下两个问题的答案对于人类技能的发展来说至关重要，而且我们可以肯定地做出答复。

（1）人们真的可以改变吗？我们真的可以实现持续的积极的行为转变？

（2）通过个人行为的改变，我们可以对公司收入和利润的增长产生积极的影响吗？

对这两个问题的回答都是肯定的。我们曾对数以千计的员工进行持续的积极的行为改变培训，我们发现，客户几乎都实现了销售收入 5% ~ 30% 不等的增长，在销售收入增长的基础上利润增长高达 50%。这对你来说意味着什么？这值得你阅读本书吗？以下是我们的一些研究发现。

❖ 人类技能的发展与业务收入的提高有着直接的联系：销售培训能够促进收入的增长。

❖ 公司可以衡量销售培训的影响。

❖ 我们通过跟进训练，可将销售培训的影响最大化。跟进不是培训，但是它却是让培训更有价值的又容易被人忽略的重要环节。

❖ 通过个人技能的发展可以实现持续的收入增长，然而很多公司都缺乏衡量和量化回报收入的勇气。

❖ 彼得·德鲁克是我们心目中的英雄。我们借用他的名言："不在于答案是否正确，而在于它是否有效。"

在本书中你读到的所有内容，不管观点是对是错，只要它对你来说行之有效，便值得你一试。

希望销售人员都能走向成功！

目录
Contents

很少有人能在他们的人际交流活动中一次性确定所有需要改变的行为。我们只能循序渐进，一次改变一个不良习惯，如果好高骛远，想一次性改变所有不良习惯是不可能的。

销售人员只有不断地摸索，在销售过程中总结失败的教训，再重复成功的经验，直到优秀已变成他们的习惯。

我们需要以一种新的方式对外联系和销售，那就是实现服务向销售的转型！一夜之间，数以千计的服务提供商转为销售人员的角色，我们也不能落后，不是吗？

你所选择的行为改变是你付出大量的个人精力和努力后可以实现的，这不是你的老板、你的爱人或其他对你来说重要的人想要你做出的改变，而是你发自内心想要改变的行为。

如果你知道什么对你来说重要，想要改变就相对容易。如果你不能确定你在乎的是什么，当威胁或机遇出现的时候你也就不会察觉。当人们真正重视的东西受到威胁时，他们就会想要改变他们的行为方式，这就是自然法则！

What Got
You Here Won't Get
You There

IN
SALES

第 1 篇

新世纪的挑战

新世纪下的销售人员应遵守怎样的规则？他们扮演了怎样的角色？在新的世纪中是什么让我们彼此相连，以及人们如何寻求改变的全新方法？

◎ 意识到全新的商业模式下新的工作规则，以及一直存在的客观经济现实。

◎ 意识到同理心（一个比较抽象的心理学概念，又叫做换位思考、神入、移情、共情，即人际交往过程中，能够体会他人的情绪和想法、理解他人的立场和感受，并站在他人的角度思考和处理问题）的重要性，它将使我们所有人紧密相连、和谐共处。

◎ 重新考虑个人改变及成长的新模式：摆脱毫无效率的不良习惯及其所带来的影响。

第 1 章　高科技／零接触——销售的游戏规则再次改变

游戏已彻底改变。在你为未来的个人发展或职业做规划的同时，你必须懂得，那些曾经让你战无不胜的销售手段如今已不能满足当下的销售需求。

  1987 年，拉里·威尔森在其畅销书《改变游戏》（*Changing the Game*）中向我们描述了当时的世界经济形势，以及客户群体的消费需求正经历着怎样不可预知的改变。在诸多不可控的市场形势下，销售人员必须具备良好的决策力，并在各销售环节提高效率，寻求更多更好的解决方案以及更加稳定的客户群体，以适应新世纪销售环境的巨大改变……诸如此类是否听上去再熟悉不过？现在我们身处 21 世纪，与威尔森身处和描述的 20 世纪 80 年代相比，如今我们面临的是更加复杂多变、更具竞争压力的世界环境。

  身处信息时代，经济飞速发展，客户需求多种多样，购买方式亦千变万化，因此销售行业被赋予了更多更加具有挑战性的因素。如今各行各业的产品线越来越广，新产品层出不穷，人们对服务的要求越来越高，企业面临着前所未有的市场新环境。销售人员需要学习他所需要知道的新知识、新技能，在商场上挖掘新客户，维护现有的客户关系，等等。在这样的形势下，两年时间培养一个出色的销售人员一点也不为过。而据统计，成长为一个合格销售人员平均需要花费的时间最少也要在 7 个月以上。因此，如今的销售人员不仅仅是与过去不同了，而且他们所要面对的困难比以往任何时候都要多。

除此之外，我们还面临着有史以来最大规模的经济衰退，很显然，销售这场游戏已经再次改变。

"这是经济，傻瓜"

这是 1992 年在美国政坛被频繁使用的一句话，是克林顿在当年的总统竞选中用来打败老布什所说的（后来的事实证明他确实成功了）。这句话将人们的注意力从老布什强大的外交政策上转移开来，取而代之的是让人们关注刚刚结束的经济大萧条及其挥之不去的影响，民主党凭借与选民间的共鸣，打败了一直以来深得民心的共和党，可见人们对经济的关注超过任何方面。今天，我们进入了 21 世纪的第二个 10 年，这句话仍然有效，人们最关心的依旧是关乎经济的话题：中东国家的革命、亚洲国家的自然灾害等，所有一切都带着经济的烙印。

在理解当今世界的经济发展方向，以及在销售中我们所面临的挑战时，两个关键因素值得我们考虑：雇佣与能力。我们先来看一下雇佣劳动力市场。近年来，仅仅在北美地区就失去了 750 万个就业机会，更不用说"劳动力之外"的 8500 万人了；欧盟国家又增加了 2300 万失业人员；亚洲、中东地区的失业人员达到数以千万计，甚至更多。世界资源以及经济的发展决定着每天失业人员的数量，但首先，还是让我们从这些数据中读取对我们有用的信息。

如果你没有工作，失去经济来源，你就不具有消费的能力；如果你害怕失业，就会考虑增加个人储蓄，你就不敢大手大脚地花钱。客户都很理智，当对收入没有把握时，人们对于花钱消费通常会更加小心谨慎。与公共机构或政府部门的采购计划不同的是，客户在经济状况紧张时会对每一笔支出都认真算计。那么，现在来分析另一个影响因素——能力。劳动力市场的裁员就是在处理劳动者能力与目前所需劳动力之间的平衡。公司与国家都在竭尽所能地削减债务。以英国为例，英国正在让民众支付更多的健康保险，而且其工业产能利用还处于很低的水平。世界普遍面临的形势是生产力过剩，企业不会再进行大规模地人员雇佣。对于企业来说，不仅要精简劳动力，它们还不断施加压力，力求以更低的成本、更少的人力、更高的效率完成更多的工作。

员工工作更有效率对于企业来说是好事，但对于企业员工本身来说却不尽然。首先，雇主在每次考虑是否雇佣新的员工前都会给现有雇员增加工作时间，以观察他们是否能够承受更多的劳动时间，如果员工承受不了，企业才会考虑增加新的员工。几十年来，代表劳动者利益的工会依据雇佣合同中规定的工作时间，尽力维护着劳动者的合法权益。而如今该形势已经扭转：高失业率迫使企业员工不得不接受企业的要求，工作的时间越来越长。其次，也是尤其重要的一点，即研究表明，如果我们的工作效率提高 1%，那么将有 150 万个工作机会随之消失……不管你如何看待这一现象，明明白白的数字展现的是残酷的现实。试想，如果企业解雇现有 20% 的劳动力，将来再补招 20%，那么企业将要付出相当于 25% 的劳动力成本才能弥补现有 20% 的劳动力为企业创造的产值。因为对于新员工的招聘、培训等一系列成本费用会大大提高。

有关于经济的话题暂时告一段落，现在我们来看一些真实的例子，以便帮助我们更直观地了解现状。目前，中等家庭的收入正在下降，有些甚至不及 10 年前。再询问周遭人士，有五分之四的专业人士会告诉你他们的经济状况比一年半之前糟糕很多。私营企业的薪金水平也比 10 年前大幅度下降。政府税收增加，使得企业成本随之提高（大家可以根据自己国家的现状进行一个简单的计算，便可知形势确实不容乐观）。另外，身边亦有不少经济衰退的隐形信号：那些过早领取社会保障退休金的人员数量、和祖父母生活在一起的孩子的数量（约占十分之一）、政府救济人员的数量，甚至是克雷格列表网站上结婚戒指销售的数量，离异仍和他们的前任生活在一起的人的数量也在增加（我不是在开玩笑，有数据为证）。

那些失去的工作机会还会再回来吗？很难判断，尤其是在房地产和金融领域更令人捉摸不透。西方国家老年人的数量日益上升，卫生保健行业似乎是前景相对乐观的行业。零售和娱乐行业呢？同样很难判断。这取决于人们的可支配收入水平。汽车制造业呢？凭借如今的科技和生产力水平，制造出一辆汽车只需 24 小时。因此我们推断，该行业在未来 5 年很有可能大幅度裁员。当然，还有很多如今的工作在 30 年前根本就没有被美国人口普查局列为职业，未来也还会有新的职业诞生。尽管如此，我们还是将注意力从经济影响转向新形势下公司企业的应对措施上来。

公司企业的应对措施

公司企业作何反应？在这样一个竞争激烈变化多端的市场环境下，公司企业该如何让它们的销售人员在新挑战下处变不惊呢？很可惜大多数公司的典型做法只是让人类摆脱固有的程式，即你所能想到的无数企业努力尝试管理客户的例子也许是——公司只在技术上进行革新，而并不关注人文因素本身。公司不是与一个个鲜活的、有血有肉的个人进行联系互动和交流，取而代之的是让你提供各种个人资料数据、打印个人文件文档、在一个自动站点进行登记注册，所有这一切都通过互联网完成：通过银行转账付款、信用卡支付、从得到厂家授权的指定商户购买等，而所有这一切都有一个已经扭曲的、冠冕堂皇的名义——"为了更好地给您提供服务"。公司企业认为，如果它们通过科技手段能够确保与客户交往活动中各项进程和关系的可预知性、一致性，那么所有人就都皆大欢喜了（当然经营成本也会大大降低）。因此我们可以理解为，在公司企业看来，"只要程序正确，与客户的互动交往根本无足轻重"。

这样的说法或做法的问题出在哪里？在该观念指导下的行

为对谁造成了伤害？我们对上千名销售人员及服务研讨会参与者进行调查，当问到他们自己身为客户的角色时，在消费过程中哪个环节能感受到满意或不满意，十分之九的被调查者表示，满意或不满的感受是在与他们打交道的人交流的过程中产生的。无论是列举外科手术程序、购买汽车、还是参加 B2B 的销售，医务人员从来不会谈及外科手术的技巧——这是医生对患者的态度，只有对病人是否关心才会让患者感到高兴或不高兴。此外，在药品销售中，不是药物自身的成分带来了购买或回头客，而是医药代表与客户的沟通交流使客户产生了购买的动机。人与人之间的沟通交流尽管有时不是交易成功的首要要素，但却是有无回头客的重要原因。人为因素可以促成或摧毁一项交易，带来或丢失长期客户；这恰恰是有些公司企业最容易忽略的地方。

人为因素到底能够发挥多大价值？人们似乎可以将世界上的任何东西予以量化，那么为何不能将我们在工作中对他人的关心、理解和承诺等人为因素也进行量化呢？在此有三种普遍适用的评估劳动力价值的方式：成本原则、市场原则和收入原则。在成本原则计算中，我们可以通过员工的薪金报酬来衡量公司在该员工身上的花费。通常人们的价值体现在公司企业愿意支付给他们薪酬的多少，收入越高，说明其价值越大，而公司支付的也越多。在市场原则中，我们可以采取相同的方式，区别仅在于我们能够在公司之外观察一个员工对其他公司企业的价值——这就是一个人的"市场价值"所在。通过工资与薪酬报告，我们可以看到其他公司给员工的薪酬待遇。第三种方法在于评估员工为公司带来多少收入。这对于销售来说很容易做到（销售们每天、每周、每月都在为公司带来收入），对于非销售人员的其他人员来说，"员工平均收入"可取员工总收入的平均值。

这些方法中的任何一条都能够提供劳动力的整体价值，这一整体价值是指每一个公司的独立人力资产的价值吗？我们不这样认为。著名组织心理学家伦西斯·利克特（Rensis Likert）的观点为我们提供了一份几乎已经被遗忘的计算方法，它被称为"替代原则评估"。计算方法很简单，即用所要花费的成本计算取代员工薪酬。如果一家公司拥有所需的房产和生产设备但却没有一名员工，那么将需要花费多长时间、多少费用使该公司达到正常的运转呢？目前，人们对劳动力资产价值的普遍共识是，它是企业所支付给员工工资的 2～3 倍。我们的一个朋友拥有一家小型印刷公司，雇员 30 人左右，企业年工资支出 200 万美元，因此人力资产总价值大约为 500 万美元。而这样的资产不会体现在年终决算报表上，年终决算报表只会统计建筑、印刷花费或公司交通费等量化的直接开支，但这确实是一笔资产：一笔可以升值或贬值的价值 500 万美元的资产。

我们再次强调，资产清算获得的收入并不算是盈利。如果你的高级经理出售一项资产，如一栋楼，凭借这样的销售获得的收入是真正的盈利吗？当然不是。同样的逻辑，如果公司持续迫使你增加额外的效率，通过威胁手段迫使你增加产值，克扣工资福利以增加收入，这是真正的盈利吗？当然也不是。不幸的是，现在太多的公司企业正从它们的人力资产中，通过这样的方式获得巨大的"收入"，而有些甚至已经持续多年，但是我们认为这样的企业迟早会付出代价。难道我们一定要等到退休或者经济复苏，或者有价值的员工不得已而离开时，我们才会承认这样的观点——一个充满活力、信守承诺的员工比一个被迫周末带薪加班的员工更能够创造出更多更有价值的资产吗？

客户 vs 公司

再来讨论另一个观点。因为周围的人对你的期望较高，你的工作变得越来越艰难。花几分钟时间考虑一下客户的预期，你可以设身处地把自己当成一个客户，思考一下你的预期是什么，近年来一直都有着哪些期望？它们是上升的还是下降的？你是否比以往任何时候都期望或者要求更多的金钱？我们认为客户预期的上升有以下几点原因：

• **获取信息的方式**。如今的客户掌握着比以往更庞大的信息来源。事实上，信息网络日益发达的今天，客户对你的产品和服务有了更多的了解。通过万能的搜索引擎，人们可以从谷歌或者百度上搜索到任何想知道的信息，而销售人员已不再是他们唯一的权威信息来源。

• **诸多有竞争力的选择**。客户面临着诸多更有竞争力的选择；如此多的行业都已商品化，一家独大的局面几乎不存在。即便如此，垄断一种产品或服务的时间也变得相当短暂。

• **舒适的购买体验**。太多供应商参与竞争，提供各种诱人服务。而从客户的角度，他们希望购买的产品能够物有所值或对得起他们的光顾，他们希望自己总是受到他人的重视且拥有最优选择权。

　　另一个可以预期的困境是公司企业的期望。试想对于那些愿意或能够为它们现有的客户群服务的公司企业来说，它们的预期会是什么呢？试想你们公司在其基础产品或服务方面能够提供些什么？在如今的经济环境下提供产品或服务的水平是上升还是下降？公司在服务客户方面是否为客户提供了更多的舒适和便捷？我们认为，你将会发现很多行业正在降低他们基线产品的水平。

　　（1）最后一次在乘坐飞机时乘务员为你提供食物是什么时候？或者最后一次在购买大件商品后接到售后服务电话是什么时候？

　　（2）购物时申请退货或退款会发生什么？它们的手续是否变得更加复杂和苛刻？

　　（3）即使你已经认识当地银行代表多年，当你在办理业务时是否仍然需要出示两份身份证明？

　　（4）你的公司企业现在是否增加额外的运输费用或其他费用，而这些此前都不是额外征收的？

　　（5）作为顾客的你与卖方之间的沟通交流有所提高还是恶化，难道你喜欢在电话中总是等待，而其原因总是被告知"线路很忙"，但背后真实的原因是卖方员工自行决定接听与否？

　　（6）简单地说，对于近段时间你接触的公司企业的责任心问题上，你是更加满意还是更加不满？而研究显示的结果是越来越不满意，非常不满意。

前方的挑战

▼

在本章结束之际，让我们对以上所述进行总结。我们希望目前讨论的所有影响在你的现实世界里真正敲响了警钟，让你在以后的销售生涯中能够每天以此为警醒。

- 迫切需要新订单的形成，致使新形势下的销售异常艰辛。

- 业绩奖金赶不上销售指标的增长。

- 限制客户预算意味着，即使是很小的订单，竞争也会越加激烈，将会有更多的业务相关人员参与决策。

- 交叉销售与追加销售是存在利润空间的（美国航空公司的 80 亿美元收入，即公司总收入的 6% 是来自于销售机票之外的其他产品，如座位升级、食物和行李服务等）。

- 尽管传统意义上人们很关注销售与市场营销的配合程度，而今天我们更多的问题则是由销售与服务的配合不当引起的。从服务提供商的角色转变为销售角色的趋势日益明显。

- 客户的反馈速度正在加快，而销售能力的提升则需要更长的时间，好的销售人才难寻。而招聘销售人员的成本增加，也比以前更为复杂。例如，23 个人应聘 1 个职位，大约需要 10 万美元才能招聘到一个富有成效的销售代表。这对于公司企业来说很昂贵，而对于依赖销售的客户来说也不是个好消息。

- 我们只有完成更高的指标和更多的任务才能在如今激烈的市场环境中生存。同时，我们已经缩减了很大一部分的会议预算和减少公司活动来降低成本。

● 在订单日益减少的情况下，我们还需停止更多的活动来节约成本。公司参加会议减少，演说减少，而演说展示会对销售产生直接的影响，这一切都是环环相扣的。

● 最后，我们意识到业务上的竞争愈演愈烈，客户完全主观地、非理性地决定价格，这就给销售洽谈带来更大的挑战。我们也意识到销售人员的个人效率正在下降，只有不到 25% 的销售人员能够很好地掌握核心销售技巧和能力。

那么从中我们可以得出的结论是什么？不管你喜欢与否，专业销售的角色在提升客户预期和服务水平上将是至关重要的。每天你都忙于处理公司与客户的需求。在这里你既需要执行政策，又要满足现实的需求。新形势下销售游戏又再次改变，没有指导规则可寻。我们知道且承认你的工作是全世界最为艰难的。

由此我们可以大胆地推断，此前你们在销售中所向披靡的习惯现已不再有效了。游戏已彻底改变。在你为未来的个人发展或职业做规划的同时，你必须懂得，那些曾经让你战无不胜的销售手段如今已不能满足当下的销售需求。但是你不用担心，本书中我们将交给你打开新世纪销售之门的钥匙——它既能增加销售数量，又能促进客户关系。

反思的艺术

据统计，去年每秒钟有超过 20 万份文档、超过 1000 万亿封电子邮件通过互联网发出。在你的收件箱中收到了多少封邮件？每天你又会标记多少封重要邮件？

我们正在逐渐失去与人交往的能力（详见第四章），每天我们被大量信息轰炸着，我们甚至不知道如何与自己交流。我们也正逐渐失去思考的能力，不知道该如何从我们接收到的海量信息中过滤出对我们有价值的信息。也许两个很简单的问题将有助于你思考：

（1）我们从中学到了什么？在你阅读完本书的每一章时都问一下自己：我从中学到了什么？什么让它变得有意义？为什么它对我来说很重要？这将有助于你进行分析和评价。

（2）现在我们可以做些什么？——这是指将我们所阅读到的，所学到的融入我们的所作所为之中。

在每一章的结尾处我们都会留给读者一些启发性的问题，但是你必须主动去思考以上两个问题，这样才能将你所思考的转化为有效行动。

第2章　企业因素 VS 人为因素

　　如今人们宁愿待在各自的房间里给朋友发短信，也懒得站起身来与朋友们面对面交流。其导致的直接后果就是，他们正在失去与人交往的能力。

　　这样的观点看上去是不是很不可思议？还有很多关于销售的未解之谜——销售到底是什么，它包含了哪些含义？

多年前，我们有幸与美国俄亥俄州立大学的上百名学生一起学习，在他们的销售中心有一个为期两年的认证销售学习项目。俄亥俄州立大学的学生来自各个专业（英语、工程、经济等），不管他们此前或自身专业如何，完成该项目的学习后都可获得销售专业的学士学位。在此期间，我们与《销售红宝书》的作者杰弗里·吉特默（Jeffrey Gitomer）一起分享了销售技巧与原则的发展。我们完全相信那些学生是我们所接触的最沉稳、口才最好的学生，大家一起学习销售的课程，作为新世纪的一代，每个人都在摸索、修炼，为成功作准备。

我们三个作者共有9个孩子，年龄从十几岁到三十几岁不等。在我们看来，孙子辈的一代人已经开始成长和崛起。我们想要做的就是留给我们年轻的下一代以及像他们一样的年轻人这些永恒的遗产：人类技能的发展给你提供的回报将会超过其他任何东西所能给予你的。因为你们所有人将会毫无例外地发现，你们都将处于销售之中，即使那些工作岗位的头衔里没有

"销售"二字，尤其是那些高度专业的工程师和技术人员，如今都换以"客服工程师"或"客户支持"的身份出现。你开始需要与更多固定的客户取得联系。即使没有直接与客户联系，你也会是在出售你的智力产品——想法和建议，而从一开始你就已经在销售你自己了。

　　每个人都身处销售之中的观点真的无处不在吗？我们这9个孩子中最小的一个刚好是一名极其热爱足球的足球运动员。我们曾经在"奥林匹克发展项目"的讲座上遇到的一位演讲者是前大学队教练、专业运动员和俱乐部总经理。他问前来听讲座的运动员和家长："教练在招募足球运动员时最看重什么？"如你所料，大家的回答包括技术技巧、战术意识和调节能力等因素。而后来演讲者的一番话却让全场一片哗然："我们寻找的是懂得自我销售技巧的球员。"很可惜，如今人们宁愿待在各自的房间里给朋友发短信，也懒得站起身来与朋友们面对面交流。其导致的直接后果就是，他们正在失去与人交往的能力。

　　这样的观点看上去是不是很不可思议？还有很多关于销售的未解之谜——销售到底是什么，它包含了哪些含义？我们并不是只针对新世纪的一代，还有很多从健康护理到工程师等其他行业的人，都开始要为公司企业的效益负责。将销售与那些具有使命感的工作等同看待，尤其是考虑到如今市场形势的变化多端（如第一章中所述），关于销售及其内涵还存在很多值得讨论的地方。

解 剖 销 售

▼

让我们先来澄清一下销售的结构及其内涵。

首先，不管你为哪家公司工作，也不管你所在的公司主营销售或提供何种服务，在你工作的时候总要肩负两个责任，即工作中总是要平衡两方面因素：企业因素和人为因素。

企业因素

企业因素强调目的、实践和效用，是销售的功能性一面。

任何职位的企业因素都包含对公司产品或服务的掌握：你要知道对客户来说，你代表的是你所在的公司。这一点对任何人来说都不会感到惊讶。作为专业人士，理所当然需要了解公司产品的特点、利益、优势，以及公司的独特资质。对产品和服务的掌握包括对整个行业的宏观了解，以及竞争对手的情报，同时了解你的客户，了解客户需求，以及客户所在公司及行业情况。

在销售的功能性一面即企业因素方面，你所扮演的角色需要了解公司企业的操作进程和政策程序。换句话说，就是在商场上、在你的合作伙伴面前，你必须是一个专家，你必须对你能提供给对方的产品或服务了如指掌。例如，如果你面对保险销售代表放在你面前的一连串保单，你会发现他们除了要了解在交通、火灾、财产、海运、牙科、医疗、生命、农田、治疗失当等方面的保险产品外，还需要广泛了解其他的保险种类。此外，保险销售代表也须知道如何使用电脑、传真机、打印机、个人掌上电脑，以及覆盖从客户关系管理、娱乐资源计划、文字处理、电子数据表格到金融或其他分析项目软件在内的所有实用性软件。

所有这些，甚至更多的销售活动都不是一个单一的客户互动。你的工作有什么样的功能性要求？换言之，你能够为客户提供什么来赢得与客户的交流权？试想一下：仅仅具有企业因素对于成功来说是远远不够的，因为在如此之多的行业中，产品或服务并无太多不同之处，在商场上供大于求的情况总是很常见。而企业自身的优秀只是将你领进销售之门的"叩门石"，而不是引导你走向成功的方式方法。

人为因素

对销售而言，人为因素才是关键。它是决定你赢得或失去客户的重要原因。对于一家公司来说，客户数量平均每年会在原有基础上增长10%；而企业因素强调目的、实践和效用，它只是这10%的增长的促进因素，人为因素才是取得胜利的关键。这样的说法容易让人们感到紧张和不安，因为很多人都有诸如此类的困惑：销售的人为因素到底蕴含着什么？人们通常戴着有色眼镜来看待销售的人为因素，觉得销售的人为因素是非正常的销售手段，总是给人带来不舒服的感受；人们认为产品质量过硬、企业信誉优良等企业因素就足够让他们在销售上取得成功（当然，我们认为这只是美好的愿望）。

人占主导

　　人们普遍认为，专业销售和客户之间的交流互动能够推动再次购买和提高客户的忠诚度。也许你会对此深有感受，在你的销售生涯中可能也不乏这样的经验。人为因素简单概括起来就是，不管你销售的是什么产品，你与客户之间的交流互动都很重要，这样的互动既包括向客户提供有效信息，又要保证他们的购买价值。

　　当你向客户提供信息时，其实你也是在给客户提供相应的产品培训教育。你需要提供足够的信息、指导和引导，以便客户能够有效与你进行合作。你需要为客户的培训教育负责，为客户与你进行合作的预期负责。

　　投资：花费时间、金钱或努力以换取未来的优势或利益

　　为了给客户的投资购买提供保障，你需要对客户花费在你身上的时间负责，不能透露客户的信息，让客户将你们彼此的合作列入他们的工作日程。最后，成功地让客户心甘情愿地将购买预算投资给你。

购 买 动 机

▼

　　在有效传达信息和保证客户投资价值的过程中，你就创造和孕育了客户的购买动机，这是人为因素的结果。只有在人为因素领域我们才会考虑我们自身的优劣势。而企业因素不是我们在这本书中将要讨论的，企业因素甚至不能叫做客户战略和

为销售制订计划——尽管我们是应用行为科学方面的专家，但这方面不是我们要重点讨论的内容。很简单，我们更擅长于与他人的沟通交流。

不与客户接触交流，则客户流失；与客户进行很好的沟通交流，则能够激发购买欲望，增加销售数量。

你从中学到了什么？

- 我们都处于销售中。

- 销售的精髓——企业因素 VS 人为因素。

- 企业因素：掌握公司特点、利益、优势、政策、价格、运营过程和实践。

- 人为因素：提供准确信息和保证投资价值。

- 信息：培训和教育客户。

- 投资：将产生无形的和有形的价值结果。

现在你会做些什么？

- 将那些你重视的组员或其他人召集在一起进行头脑风暴，围绕你负责培训的主题以及对你的目标客户进行准确的描述。

- 与同样的组员一起，列出那些最常见的无形因素（在客户身上花费的时间、传达的信息等），以及最有形的结果（客户做出的购买决定，获得的客户认可等）。

第 3 章 创造购买动机

生存于 21 世纪，工作和生活节奏的加快，我们正在逐渐失去深度思考和反思的能力。我们失去的不仅是深度思考的能力，还有与人面对面交往的能力。而该问题在销售行业中更为尖锐，对于销售人员来说，紧张的工作节奏使得他们根本无暇思考与交流。

如果对于你来说，工作中很重要的一部分就是创新——发掘、提升和发展客户的购买动机，那么我们最好首先理解购买动机到底是什么。

行动前的准备

客户的购买动机，换句话说，就是购买你所传达的信息和你所推荐的产品。我们在第 2 章中已经讨论过销售的人为因素，销售的责任包括提供有效信息和保证投资价值。而理解客户购买动机的标准包括以下多种因素。

客户的预期购买欲望受他们所接收到的信息的影响，以及此前他在你们公司或提供的产品服务上投资程度的影响。我们中的一员在密歇根东南部有了很好的发展，因此我们不乏汽车制造业的案例：一个见多识广的客户为了参加环北美五大湖汽车赛，想要购买一辆汽车，这种情况下，该客户对于一个具体产品的购买动机非常强烈。而另一个客户可能只是考虑购买一个具体的品牌，也许是因为他的父母一辈子都在福特公司工作，因此他比较倾向于福特品牌。第三位客户尤其相信他的销售代表的眼光和经验，不管这位销售代表去了哪家汽车销售公司，他都会紧随其后。这样的客户不是对产品忠诚而是对销售忠诚。总之，购买动机受多种因素或其综合结果的影响，且很容易发生变化——购买动机是一个变化的动态目标。

一方面，在B2B的商业环境下，我们有幸与福特汽车公司合作了近20年之久。此前，我们的一个客户科夫曼（Dean Coffman）院长一次与我们共进午餐，期间我们就一份新合同的具体条款和预算进行讨论，整个过程他都在做笔记。午餐结束之际院长撕掉了他的笔记，然后对我们说："给我一个报价就可以结束了！"至此之后，这个六位数的合同一直持续了多年。在我们看来，院长认真的态度显示他时刻做好了购买的准备。20年来，他一直记录着与我们在一起的所有花费；他分配着巨额的预算，且每份合同都能执行相当长的时间；他甚至为我们做报价。他对我们公司、我们的产品以及品牌的忠诚无人能及。

那另一方面呢？那些购买动机水平很低的人们怎么办？事实上，接下来这个例子你可以看到造成客户购买动机高或者购买动机低的部分原因。世界上最大的啤酒制造商之一是我们的一个长久客户，我们对该公司的所有员工进行销售方法培训。他们很喜欢我们的销售发展项目、我们的员工，以及这些年来我们对他们的培训成果。但是另一个与我们关系甚好的客户，假设我们称之为鲍勃，他甚至完全不曾考虑过我们的领导力培训产品。为什么？为什么与我们合作关系很好却仅仅购买我们的一个产品而完全不考虑其他产品？原来，鲍勃的公司有自己的领导力培训项目，任何其他的管理发展类培训在他们看来都是无用或不相关的。鲍勃对我们领导力产品或服务的购买动机恰好是处于最低水平。

你们身边有无类似的情况发生？你们自己的客户呢？对哪些产品他们有着较强的购买动机？哪些产品是他们不愿意购买的？在继续进行阅读之前花一些时间思考，如果你是顾客，你的购买动机是怎样的：你真正想要购买的是什么？对于你钟爱的物件你准备好购买了吗？稍作休息之后，我们回顾一下这些年来对于创造购买动机的不同理念。

五种销售理念

▼

如果你在谷歌里搜索"销售培训"四字，一秒钟时间内你会看到有千万条搜索结果。这些搜索结果的很多内容是人们这些年来精心思考写就的有关如何发展这让人难以捉摸的购买动机的。我们想将这几十年来的思想发展集中于5种销售理念：关系销售、销售步骤、协商谈判、策略销售及诊断方法，它们都是正确而有效的。今天的职业销售仍可使用任意这些方法来创造购买动机。我们认为，无需诋毁任何有关销售发展的做法，因为每一条在商场上都已经历经了千锤百炼、升级进化。

关系销售

绝大多数参考资料都将销售发展规范化的第一步归功于戴尔·卡耐基 1937 年出版的《怎样赢得朋友并影响他人》。从让人们"喜欢"你或"赢得"他们对你的思维方式的认可，到不得罪他人的情况下"改变"他人，销售中将以关系为中心的做法落实到行动中，卡耐基是奠基人。这样的方法需要与他人保持融洽的关系以便让他人能够思考、感受和接受你的动机，或心甘情愿做你想让他们做的事情。

销售步骤

为提高销售效率，复制成功销售的做法对于大多数销售人员来说值得借鉴。如果销售人员不能在自身的销售过程中占主导作用，即并不能促成客户的购买，那么就让他们模仿成功销售人员的做法——如果你愿意的话甚至可以复制成功销售人员的销售过程。由于大量可借鉴的成功经验的出现，产生了一个关于首字母缩写的时代，大量的销售培训机构及其缩写涌现。20 世纪 50 年代，第一个有关销售培训的缩写诞生：AIDA（attention, interest, desire and action），意为"专注、兴趣、欲望和行动"。本质上，AIDA 描述的是顾客在购物时所经历的思想变化：首先有东西吸引了我们的注意力，也许它勾起了我们的兴趣，接下来很幸运也很合情合理地是我们产生想要拥有它的欲望，最后我们落实行动购买了它。对于购买过程来说，在我们产生想要做出尝试的想法的同时，五步、六步甚至七步通往购买的思维就已经清晰地建立了。销售人员每次都要将这些步骤在脑海中一再重复，以便熟练地覆盖购买过程的每一个阶段。

协商谈判

遵循以上所述努力是为了更好地实现销售人员与客户之间的交流互动，促进销售方法的升级，即更多地关注交易本身而非交易双方当事人，这时协商谈判的作用就突显出来。现在的销售人员被视为能量和信息的传递者，他们能够对自身处境以及客户进行分析。尽管这其中包含了双赢的技巧，但更多时候交易双方总有一方需要妥协，协商谈判技巧在整个交易过程中仍是中心。

策略销售

发展专业销售的下一步出现于 20 世纪八九十年代。所谓策略性的方法是，销售人员提出问题，同时分析出现问题的原因，并给出具有可行性的解决方案。这对于客户的公司以及销售人员的公司发展均可实现战略性的提升。我们再次重申，仅仅提出问题是不够的，将问题及问题解决方案描述得完整清晰是策略方法的特点。这其中包含了购买的终极问题——"我们为什么购买这个"。我们相信，在经济不断发展的今天，已经是时候进行产业联合、改组、合作和合并，以产生各行各业的行业巨头。

诊断方法

最后可供参考的销售框架是对有效行为影响的诊断方法。

销售人员先要摸清客户的性格特征、交往方式才能对症下药，以一种适合客户的方式与其交流。我们可以假设各类客户类型，这些所有的"情景"影响模型包括对客户的交流方式、个性特点或其他与客户相"匹配"的行为进行验证和诊断，而神经语言项目和梅耶-布雷格斯性格测试（Myers-Briggs）都是对行为影响效率进行诊断的很好工具。

时　间

▼

如上所述，所有这些方法在鼓励购买上都有其优点和作用，它们都是缘于过去经验的总结。那么我们这个时代呢？我们知道，商业环境已发生剧变，在21世纪的第二个10年，我们认为购买和销售需要新的动力、新的参考框架以及新的方式来理解和促进购买动机。

让我们暂时停下来理一理思路。前三章中我们从宏观的经济角度切入，然后重点肯定了人为因素的作用，而此时，任何创造和促进购买动机的销售相关活动将成为我们的关注焦点。那么，我们这个时代的不同之处何在？今天销售中的人际交往活动与10年、20年甚至50年前有何不同？答案很简单：时间。

来自华盛顿大学的大卫·M.利维教授曾做过一个精彩的演讲，题为"没有时间思考"。利维教授指出，生存于21世纪，工作和生活节奏的加快，我们正在逐渐失去深度思考和反思的能力。我们将利维教授的观点进一步拓展开来：我们失去的不仅是深度思考的能力，还有与人面对面交往的能力。而该问题在销售行业中更为尖锐，对于销售人员来说，紧张的工作节奏使得他们根本无暇思考与交流。

我们发现我们的情商正在加速瓦解，而企业因素将超越人为因素。在生产力和效率的名义下，本来解放我们的科技将会束缚我们——也许我们已经被束缚。

科　技

试想一年 365 天、一天 24 小时，我们的生活节奏如此之快，科技让我们拥有更多的时间，更高的效率，让生活变得更加美好便捷。电子邮件、手机、语音邮件、短信、Facebook、Twitter、Google、Skype、在线博客、上网搜索、在线订单、在线约会等，似乎离开了这些我们就无法生活下去。在工作中我发现几乎没有人会关闭手机，20 个人中有 19 个人坦白承认他们几乎从未使用过手机上的关机键。你呢？在科技日新月异的时代，我们害怕被时代淘汰，我们还怕与自己、与别人失去联系。

这些科技本是用来节约时间，最后却适得其反。你是否可以不使用社交网络或电子邮件、不在线浏览新闻而度过一天？这些邮件、新闻有多少值得打印出来？有多少值得重新阅读？很多人发现自己对这些已经感到失望和厌倦。那么你要如何应对？当紧迫之事与重要之事同时摆在眼前，我们大多数人的反应是什么？当咖啡或者可乐的效果不足够强烈，难以快速提神的时候，如何快速"集中精力五小时"？可否选择使用硬盘录像机来让我们能够更有效地浏览电视娱乐节目？

专注于当下

▼

是否发现自己开车时太依赖于自动驾驶仪？是否在第一次会面之后就立刻忘记了对方的名字？是否总是忽略自己生理上的紧张感？是否一个任务完成之后又匆匆忙忙转向下一个？是否经常性地摔碎或打破东西而你却不知道为什么？是否在你还未意识到之前，你就经历了一系列复杂的情绪？这些就是缺乏专注于当下能力的各种表现。

专注于当下是什么？——意识并专注于此刻正在发生的事情的状态。

数字 1～6 中，6 代表专注于当下的最高境界，谈及有意识的技巧绝大多数人的平均值是 3.5。这是一个受多种因素影响会变得尖锐或迟钝的技巧。在我们的个人生活中，专注于当下的能力常受以下诸多因素的影响：心不在焉、抑郁、生气、焦虑、敌意、冲动以及幸福感。

参考附录 A 可获取更多相关资源

在职场上，我们需要专注于当下，我们培养自身学会管理不良人际交往习惯的能力，如不打断或忽略他人，也是为了能够更好地专注于当下。专注于当下的能力与情商技巧，甚至与社会的赞许直接相关，这对于销售人员来说也许至关重要。今天的销售不再是仅仅靠人情关系就能成功。那么想想，你此刻的状态是什么？你能做到专注于当下吗？

在销售中，有助于培养专注于当下能力的行为包括：发展一种与你的潜在客户或现有客户共处的能力，有意识地与那些对你重要的人共处。

此刻，欢迎来到销售新纪元。

你从中学到了什么？

- 你的工作：创造购买动机。
- 销售理念：关系、步骤、洽谈协商、策略和诊断。
- 奋斗的时间和技巧。
- 新的理念：专注于当下。

现在你会做些什么？

- 翻向本书的附录 A 完成注意力意识量表（mindful attention awareness scale, MAAS），表中设计了 15 个问题来评估倾向性意识的核心特征：意识并专注于此刻正在发生的事。看看你专注于当下的能力有多强？

第 4 章　同理心的时代：销售中的 X 因素

同理心，一个比较抽象的心理学概念，又叫做换位思考、神入、移情、共情，即人际交往过程中，能够体会他人的情绪和想法、理解他人的立场和感受，并站在他人的角度思考和处理问题。

　　我们所有这些努力的核心是，帮助你维护和利用好那些对你重要之人的关系。对他人处境、感受和动机的换位思考将会有助于你在新形势下取得成功。你理解和认可一个人的想法，意味着在你的业务交流范围内不仅本能地理解一个人而且发自内心地关心他——即使你不用努力就已经可以做到。让我们探索一下同理心的魔力，寻求销售中同理心与自我的平衡，探讨同理心的科学性及其在你的工作中所发挥的作用。

　　同理心，一个比较抽象的心理学概念，又叫做换位思考、神入、移情、共情，即人际交往过程中，能够体会他人的情绪和想法、理解他人的立场和感受，并站在他人的角度思考和处理问题。

　　为了更好地理解同理心，试想一下，当你看到棒球比赛中的致命一击时你会做何反应？当你频繁地更换电视频道然后看到一台武术表演，或者滑冰表演者因为失误而摔倒在地时会有何种反应？你会担心害怕吗？你会心跳加速血压上升吗？你的肌肉会跟着紧张吗？你是不是会换个姿势或者站起身，深呼吸，更换频道或关闭电视来缓解紧张的情绪？这就是最原始的同理心，这就是我们所谓的理解和关心他人的感受、思想和经历。这种与他人相联系的行为就是同理心，这不仅是与他人的痛苦相连，而且涉及各种情绪和经历。

你还能回忆起《阿甘正传》里的那个场景：汤姆·汉克斯站在珍妮的坟墓旁，给她讲述"小阿甘"时的情景？你是否也跟着内心伤感？尽管我们知道"阿甘"只是电影中的一个角色，但这也是行动中的同理心，我们已经融入了"阿甘"的角色之中。而现实生活中，同理心需与客户的感受、经历联系在一起。

关于同理心我们知道多少？从多个领域的科学研究证据中我们可以看出，人类本质上是社会性动物；我们所做的一切都与他人相关，人不可能独立地存在。新生儿听到其他婴儿不舒服的哭声时也开始跟着哭泣。刚出生的第一个月（一些研究表明新生儿在 12 ～ 21 天的时候）他们开始模仿他人的表情，以此作为一种交流的方式——这是与生俱来的。他们甚至能够反映出一种表情所表达的含义（如高兴或者悲伤），不管你是惊讶地伸出舌头还是张开嘴巴，婴儿尤其会模仿人们使用的表情。这些简单的模仿就是更为复杂的交流的开始，在别人感觉不适时，两岁左右的孩子已经知道表现出想要伸出援助之手的意愿。

我们与生俱来与别人如此紧密地联系着，那么我们自身呢？由大脑中的镜像神经元开始，它将载负着观点和行动的路径"配对"或融合。观点与行动的"配对"发生在同一个神经网络上，这个神经网络同时也载负着观察和执行的信息。换句话说，就是观察和执行的信息使用同样的路径。我们喜欢拿当地有线电视服务作类比，这样更有利于理解。载有电视、网络和电话信号的单一电缆接入你的家中，当你正在观看电视节目时电视屏幕上出现了一个提示你有电话打进来的信号，以及具体的号码和与此号码相关的人名。这与在大脑中共享同一个神经网络类似，在这一网络上既载负着我们观察或感知到行为的信息，同时还有我们采取行动的信息。

这就意味着交流是双向的。从最简单的层面看，甚至是对婴儿而言，当有人在模仿他们的时候他们都知道。不管谁在执行谁在观察，两个人已经相互联系在一起了。从高级一些的层面看，这样的镜面反射将他人的感受反映在自己的神经系统上——不管是愉悦或痛苦的感受。通过使用功能性磁共振成像来描绘两个观察痛苦或经历痛苦的大脑，看到重叠或相似的路径是确实有可能的。代替他人受苦的能力作为同理心较高形式的预示被很好地记载下来——不仅仅是感受他人的痛苦，而且迫切想要减轻和分享他人的痛苦。

既然我们已经知道了这些知识，就不难理解我们和他人在情感和生理上有着天然的联系，且这样的联系通常是我们自发的行为。共享右脑经历是理解什么驱动了他人的意图和动机，以及导致有效社会交流的先决条件。那么现在我们能做什么呢？我们做什么能够使知识在销售过程中为你转化成积极的成果？我们所要做的就是，用同理心来平衡以自我为中心。

根据所有对销售中不利因素的研究，强烈的以自我为中心，即利己主义总是排在首位。如何说服他人已经成为我们一直在学习的基础销售技巧。这也是公认的曾经能够让我们在销售中战无不胜的法宝。然而，我们已经讨论过，如今的市场环境大不相同。曾经那些让人们战无不胜的销售技巧也许在新形势下并不能让我们取得成功了。一味地以自我为中心让我们在销售中屡遭失败，甚至几乎让我们一蹶不振。这些失败的例子或许你也目睹过，你也经历过。然而现在，在销售人员的说服中融入真诚的沟通交流成为新形势下不可或缺的技巧。销售中有意识地坚持同理心，与客户之间进行有说服力的沟通与交流，让客户感到你理解并在乎他们的感受和想法。我们相信你的理解和对他人的体恤在将来一定会在成功的道路上助你一臂之力，而同理心与自我为中心的平衡将使之成为可能。

试想一下，如果你是商品和服务的消费者角色，平心而论，你觉得作为卖方的公司企业关心你、与你交流沟通过吗？你的手机厂商、设备供应商、保险提供商、汽车业务办理商、银行家或会计、商场上的合作伙伴——你相信他们会理解和在乎你吗？我想对绝大部分人来说，今天的答案应该是否定的。人们仍然很自负、以自我为中心；销售人员的自负彻底掩盖了你的需要。我们相信，如果当你在购买的过程中相信卖方会理解和在乎你的处境，那么你将会愿意与他接触，达成购买交易，甚至还会给他带来更多客户。

同理心与以自我为中心的平衡，将会使你在获得销售上的成功与效益的同时，塑造自己的独特个性和专业能力。在第五章中我们将为读者呈现崭新的观点，即如何让同理心变成你的本能行为，而该行为建立的思想基础是，有时最简单的成长路径就是不落后而已。

> **你从中学到了什么？**
>
> - 同理心：换位思考，理解他人的情绪、想法和经历。
> - 同理心：在实践中培养。
> - 同理心与以自我为中心的平衡——将会引领你走向成功的道路。
>
> **现在你会做些什么？**
>
> - 评估同理心与以自我为中心所占的比例。
> - 观看一场棒球比赛，观察自己的生理反应。
> - 再看一遍《阿甘正传》，尤其是注意电影结束前"阿甘"在珍妮的坟墓边诉说时，你将做何种反应？

第 5 章　改变的新方法：停止不良习惯

我们花费大量时间教授人们该做什么，我们却没有花足够的时间告诉人们该停止做些什么。很多人不需要学习该做什么，他们只需要知道哪些不能做。

　　我们希望针对此观点提出的所有想法都是符合逻辑且受支持的，同时与你对本书的期望相一致，没有令你失望。尽管如此，大多数读者可能正期望着现在我们将要告诉你的是在销售中到底该怎么做。可能你希望能够读到一些技巧方法，与客户建立同理心、换位思考的一系列步骤。而我们恰恰要反向而为。我们想要做的就是告诉你哪些是不可为的——如何不去破坏同理心与以自我为中心的平衡。

　　关于本书的基础理论，可以用20世纪最伟大的思想家、现代管理学之父彼得·德鲁克博士的话总结：我们花费大量时间教授人们该做什么，我们却没有花足够的时间告诉人们该停止做些什么。很多人不需要学习该做什么，他们只需要知道哪些不能做。

　　再试想一下如果你作为消费者，销售人员或服务提供者在与你进行沟通交流时，绝大多数情况下，他们是否都有让人反感的交际习惯：一直不停地与你交谈，同时总是查看他的手机，忽略你去接电话，眼睛一直看向电脑屏幕，这些习惯是不是令你很生厌恶？我们发现，人们通常只要摆脱一到两个人际交往的不良习惯就能达到很好的交际效果。同时，我们也发现一个人在销售行业做得越久他身上的恶习就越多。当你刚刚进入销售行业时，你的问题并不是来自于对产品知识掌握或行业知识的欠缺，而是来自于那些可以立刻停止而且应该停止的不良人际交往习惯。

在第四章中我们已经论述了同理心的重要作用，而如今，人们的同理心正在慢慢消失。现在的人们正在大量失去与人交往的能力。正是因为这些，销售人员面临的局势才如此紧迫。密歇根大学的社会研究机构自1979年以来在72个覆盖了14 000名大学生的主要研究中收集了大量数据，他们对数据的研究发现，这些人比1979年减少了40%的同理心；愿意关心他人的意愿减少了40%，而且该比例自2000年以来一直持续下降。

人们的同理心正在下降，而自负感上升。换位思考、为他人着想的能力正在丧失，而对他人的不幸处境表示同情的能力更是直线下降。而且这一现象不仅是发生在大学生中间，进一步的研究表明，更多更年轻的人正在逐步失去同情心潜能。

你也许要问：为什么人们的同理心会有如此大的下滑？毕竟，在迅速下滑之前的20年都是维持稳定的。我们的一致意见是，罪魁祸首是现代科技。在此之前我们已经讨论过，21世纪新一代人是随着互联网成长起来的，即时通信、手机、电脑，这些使他们丧失了面对面与人交往的能力。然而，探究为什么会发生这一切真的重要吗？常言道："把事情搞砸了要比我们首先弄清楚我们怎样搞砸，以及为什么会搞砸容易得多。"在此，我们的关注焦点是积极有效的对策。

我们认为，在销售行业中扭转这一趋势已是势在必行，一般的理论可能会这样劝告你："开始时更加关注客户""不要老是谈论你自己"，这些似乎已经成了老生常谈。我们现在的关注点也许不是将"更加用心地听"视作行为的改变，而是关注"当别人在讲话的时候不要查看你的手机""不要心不在焉""不要盯着电脑屏幕"等方面。让我们首先从停止不良的人际交往习惯开始。

关于停止销售活动中的不良行为习惯的有趣之处在于，人们很少去关注或意识到它，但它却与我们努力发展自身的其他行为以提高销售业绩同样重要。在我们的私人生活中，我们经常会为了某些原因（尤其是出于健康考虑）而放弃某些习惯，如戒烟、戒掉某种食物（通常是我们爱吃的），甚至戒掉看太多的电视。我们会为自己能够成功实现目标而庆祝或从他人那儿得到肯定和赞赏。但是，我们却在职场上丢失了这样的常识，即所有的奖赏是基于我们已经成功做成的事情，如这个月我们实现了多少销售目标，或者这个月带来了多少收入的增长。

我们是可以改变这一切的。我们所做的只需要调整我们看待行为方式的思维，拿出你的笔记本，写下"停办事项"而非"待办事项"。

接下来你会为自己所列的"停办事项"感到惊讶！从清单上我们会看到我们此前都做了些什么，将客户、朋友，甚至是我们的爱人拒之门外；都做了哪些自私自利、破坏同理心的事情。

你从中学到了些什么?

- 2000 年以后, 人们的同理心水平大幅度下降

- 随着时间的推移, 我们的不良习惯越发显著

- 我们花费大量时间教授人们该做什么; 我们却没有花足
  够的时间告诉人们该停止做些什么。

  ——彼得·德鲁克

- 哪些是让我们彼此缺乏沟通交流的不良习惯

现在你会做些什么?

- 记录下销售人员和服务提供商的哪些行为让你生厌? 当
  你们共处时你希望他们停止哪些行为?

第

5 章

改变的新方法: 停止不良习惯

What Got
You Here Won't Get
You There

IN SALES

第 2 篇

客户希望你放弃的
16 个不良习惯

在本篇，你需要知道人际交往中破坏同理心（即换位思考）的因素有哪些，以及知道如何选择需要改变的不良行为习惯。

◎ 回顾摧毁你销售生涯的无效人际交往习惯。

◎ 理解信息与情感对我们养成不良习惯的影响。

◎ 审视自身，为了顾客应该放弃哪些不良习惯。

◎ 当和别人沟通交流时，应该停止哪些不良行为习惯。

第6章 销售中对你产生不良影响的习惯

很少有人能在他们的人际交流活动中一次性确定所有需要改变的行为。我们只能循序渐进，一次改变一个不良习惯，如果好高骛远，想一次性改变所有不良习惯是不可能的。

随着你开始考虑改变不良行为的独特方式方法，请记住，绝大多数行为本身没有好坏，它们自身在价值观上是中立的，行为只有在被使用或传达的时候才具有价值。

无 为 而 治

理解"无为而治"观念的转变对我们来说是实现行为改变的关键。让我们假设，你正与那些认为你特别不友善的客户共事，你决定要改变他们对你的成见，于是你对自己说："我要变得更加友善，我已经厌倦那些外在的交际压力了。"

你应该做什么？

对于大多数人来说，类似这样的行为改变在实行起来是非常艰难的过程，需要付出大量积极的行动。在交往中你必须不忘时刻赞美他人；礼貌地说"请""谢谢"；为迎合客户你要对那些客户在乎和感兴趣的事情表达自己的观点。除此之外，你开始更加专注耐心地倾听客户的需求；在与他们交流时带有更多的尊重，更加注意你的举止行为和态度。

事实上，你必须将工作中所有消极的状态转化为积极的行动。这对绝大多数人而言是不可能的（包括作者在内），这似乎甚至涉及完整的人格改造。凭我们的经验，很少有人能在他们的人际交流活动中一次性确定所有需要改变的行为。我们只能循序渐进，一次改变一个不良习惯，如果好高骛远，想一次性改变所有不良习惯是不可能的。

幸运的是，我们认为实现变得更加友善的目标有一个简单的方式：只要你停止做那些让人觉得你难以相处的行为就可以了。这并不需要太多努力。你不需要想出新的方法来取悦于人；你也无须每天审视自己言行举止适当与否；你甚至无须提醒自己阿谀奉承，刻意赞美他人或说些善意的谎言来润滑社会交往的车轮。所有你需要做的就是什么都不做。

当客户在抱怨你的产品或服务有问题时说了一个蹩脚的借口，即使你已经一眼看穿并有十足的说服把握也不要争辩——什么都不要说。

当另一个客户质疑你的公司政策，不要争辩——静静考虑他的建议，什么都不要说。这不是示弱。知道停止何种行为的美妙之处在于——无为而治，这是很容易做到的行为。

在努力变得更加友善与停止不友善之间做选择，你觉得哪个会比较容易？一个需要承诺做出一系列积极的行为，而另一个只需什么也不要做。

当你阅读本书中纠正人际交往不良习惯的方式方法时，要记住并判断哪些是对你适用的。你会发现纠正不良习惯并不需要特殊的技巧、大量的培训、不断的实践或者超人的创造力，所有你需要做的仅仅是花一些精力停止过去你所做的，简而言之，就是无为而治。

那么，我们的问题到底出在哪儿？

在我们讨论纠正错误行为习惯之前，我们必须确定人们在销售中最常见的行为缺陷。我们已经这样做了，而我们迫不及待要列出行为缺陷具体产生的原因：

- 这些不是技巧上的缺陷，也不是因为你缺乏行业知识、客户认知或竞争力。
- 这些也不是智力上的缺陷，一些世界上最聪明的人有时也会犯这些错误。
- 这些也与个性无关，每个人的个性都是不一样的。
- 这些也与宗教信仰无关。

我们将列出你在人际交往行为中遇到的挑战，即我们采取何种方式来对待他人。以下是那些存在于我们交往行为中最普遍、最明显和最令人厌烦的不良习惯，正是这些不良习惯让我们的工作环境和客户关系持续下降。正是这些不良习惯将我们的客户拒于千里之外。

16 个不良习惯：

习惯1——不能专注于当下	习惯9——过度热情
习惯2——过多使用不当口头用语	习惯10——不能持续保持激情与精力
习惯3——过度销售	习惯11——为失败找借口
习惯4——选择性倾听	习惯12——拒绝道歉
习惯5——无目的地交流	习惯13——将责任推卸给他人
习惯6——以貌取人	习惯14——过度地宣传推销
习惯7——饥饿营销	习惯15——浪费精力
习惯8——超越对方	习惯16——过于追求销售数字

在我们分别探讨以上每一个不良习惯之前，我们想先向读者表达以下观点：

● **不要对销售人员心怀偏见。**在集体工作的环境下，他们是最友善、最专业的人士。

● **我们中很多人，不管是否身处销售行业，总是安于现状。**我相信大多数人都有过痛彻心扉的失败经历，但他们并未觉得有改变的必要。

● **你将会发现在自己身上总会找到这16个不良习惯的影子。**那么，现在就选择其中一个不良习惯仔细探讨，第九章将会提供一些重要指导以便帮助你摆脱这些不良习惯。接下来，就来看看这些习惯是如何影响他人、影响自己的。

习惯 1—— 不能专注于当下

在与别人沟通交流时总是表现得心不在焉。

根据我们的调查研究，我们发现如今的人们觉得他们的生活工作总是一如既往的忙碌。参与调查的大多数人都觉得自己做得比别人多，且与他人相比更有效率。这似乎在普通大众和专业人士身上同样适用。顿时我们觉得我们的人生被生活和工作的琐事满满占据，几乎超出了我们的承受范围。

我们曾经做过这样一个调查研究，即统计当人们觉得孤独时会做什么。一般通过这样的方式我们可以窥视一个人的内心。最典型的例子就是，人们觉得在独自驾车时可以自由做任何事情。你观察过别人在路上驾车行驶时除了开车还做些什么吗？最常见的应该是打电话、吃零食、抽烟、发短信和电邮。那么，刮胡子、刷睫毛膏和用牙线清洁牙齿等这类活动呢？能否在做这些事情的同时还在以每小时 70 迈的速度驾驶着汽车？

我们都知道，信息时代是一个多任务处理的时代。那些帮助我们提高效率的工具一定会帮助我们紧跟时代步伐，但是你们可曾注意到，我们甚至都不再使用关机键了？这似乎是一个试图提高我们个人效率的做法，但是它对人际交往效率的影响呢？当我们感到孤独寂寞时会同时进行多种活动来分散注意力；当我们不感到孤独时我们也可以类似地进行多任务处理吗？答案是可以，但事实上我们却不应该如此。

在沟通交流时，对方总是心不在焉地去查看手机你会作何感想（你也会那样做吗）？你正在与一个销售人员进行交流的时候，他的手机铃声响了，他就开始拿手机接电话而把你忽略在一旁，你会作何感想？你是否有这样的经历，与一个销售人员面对面坐着谈话，他总是转头看向身边经过的人（他的同事或者一个利润更大的潜在客户）？在家中，与妻子或丈夫说话时，他或她的注意力被客厅里 50 英寸的电视屏幕吸引，与你完全没有任何眼神交流？

不能专注于当下的例子在生活中随处可见。与人交往时多数人都是有选择性地、心不在焉地倾听，忽视正与之交流的人。而该行为对于同理心来说是致命打击。既然如此，为何我们在与人交往中还要为之呢？简单地说，这就相当于人际交往上的时差反应。如果你曾经一下子跨越了 5 个甚至更多时区，你就会体会时差对你的影响。不能专注于当下也是类似滞后的表现。不过不管我们身处何方，唯有三个时区永恒不变：过去、现在和将来。

当两个人生活在不同时区，因为时差的关系人际交往上便会出现问题。如果一个潜在客户直接与我们打交道，此时我们会立刻调整我们的"时差"吗？我们会积极倾听并对他人所述做出积极的回应吗？或者我们的思绪已经飘向了老板今天早上在销售会议上所说的内容？或者我们会想这笔交易对我们来说意味着什么？我们又开始担心会不会错过今天日历上的会议？总之，我们思绪乱飞，唯独没有专注于与眼前客户的交流。

我们的一位私人朋友兼作家、巴西心理学家西尔瓦·贡萨尔维斯，他的著名理论是"90、9 和 1"。他提出的观点是努力将 90% 的精力放在当下，活在当下；用 9% 的精力计划未来；只留下 1% 的精力回顾过去，从过去的经验中学习。当这些比例失衡时，我们就会变得生产力低下，效率低下。

你生活在哪个时区？在与别人交往时我们不能出现时差，因此，在相互交流时我们不可以同时处理多个任务。在客户或者对你来说更重要的人面前，如你的家人或朋友，收起你胡乱飘向的思绪，将任何功利性的思想放置一旁，专注于当下的交流，追求目前实际的交流效果，最大限度地把握现在。

案例分析

刚刚结束一个客户会议，下一场会议的时间马上就到了。尽管这个会议已经结束，杰克仍感到很焦虑。他一直在跟踪这个长期客户，正等待着从这个客户的行政助理那儿传来采购信息。客户已经签署了购买协议。而10分钟已经过去了，对方仍无音信。下一场会议是与佛罗里达电力公司的会谈，该交易价值40万美元。实际上，对于杰克来说完全无需等待那个长期客户的采购信息。他很希望自己能够释然，但是后来他还是就订单一事在车里向对方打去了电话。

莎拉，行政助理，刚处理完文字工作回来。她已经久仰杰克大名，莎拉告诉杰克之前的几周一直没有跟进这个项目。莎拉家中出了一些意外，因为她哥哥生病了，莎拉一直在家帮忙。公司并没有批准她因私人原因离开，莎拉告诉杰克，在这段时间里她是没有收入的，这段时间对她来说很是煎熬。其间，莎拉已明显感觉到杰克的不耐烦。她打了个冷战，有些失望地说，"很明显你对我所述并不感兴趣。很抱歉杰克，占用了你的时间。这是你的订单。"莎拉很快挂了电话，显然很沮丧。

杰克意识到了他的所作所为很不合适，感到非常懊悔。因为当时他的思绪已经飘向下一个会议——与佛罗里达电力公司的交易，所以他才对莎拉表现得心不在焉且忽略了她的感受，杰克知道莎拉在短时间内是没有那么快会原谅他的。

习惯2——过度使用不当口头用语

过度使用没有必要的口头用语。

与人交流时，我们总是不由自主地重复说一些无意义的话，如"比如说""厄""你知道我的意思是""可以说是"等口头用语。这通常会让对方觉得冷漠或令人讨厌。而这样的习惯可能在你小时候就已经养成，并且根深蒂固，在你长大后一直影响着你。你会听到很多人说话时带有口头用语，无论是名人专访，还是人们之间的随意谈话，你可以用心数一数"像"这个词被使用的次数，数量将会多得惊人，你会对它们被使用的频率以及由之产生的厌恶感感到惊讶。然后你可想而知，在你与客户交流时不自觉地使用了多少口头用语——此处的问题不是选择性倾听，而是过度倾诉。

第二个更加让人恼怒的口头用语使用习惯是频繁使用负面的词汇，如"不""但是""尽管如此"等。不管有意无意，多数人最讨厌以这样的开头开始的说话方式。因为这样的交流方式的前提是听众对所谈及的事情了如指掌，而实际情形是听者一无所知，而诉说者知道所有。

这很微妙但却很致命。想象一个场景，销售人员诉说完之后耐心地等着客户的反对意见。然后，当销售开始反驳客户的反对意见时却以这样的方式开始："我能理解""但是""我明白你的意思""尽管如此"。似乎这么说很普遍且没有制造任何敌意，但是这样的言语起不了任何作用，你也许很疑惑，为什么呢？

因为以这样的方式开始对话，甚至在你有机会陈述自己的观点之前，客户在心理上已经与你疏远了。你已经表现出了对别人的不够尊重（我们希望那是无意的）。试想当你觉得有人已经远离你了你会做何反应？相信你的客户也会做出与你同样的反应。

首先，乍一看也许还不能发现什么，但静下心来好好思索一下，就能完全理解对方说话的意图。当有人在谈话时以"不""但是"或"尽管如此"开头，那么它传达的信息是"忽略此前的信息"，完全没有认真思考你此前所说的。

即使双方交流的内容并非消极，人们也总是习惯于以一种不太有效的方式开始一场对话。即使是表达同意他人的观点，你也经常会听到他们说"不，你是对的"。当谈及一些无关痛痒的话题时，我们已习惯性地这样说，当面临一场激烈的争辩时，我们就更容易如此了。

从该习惯传达出的重要信息是——有目的的行为（预先计划好与客户相处时你要做出的行为）的重要性，以及我们所提供的简单方式——什么也不要做。听上去很简单，就是停止做让人讨厌的行为，看似简单但不容易。

马尔西注意到韦恩赖特市项目的主管弗朗西斯科在每段话的开头几乎都要加上一些与诚实相关的短语："我将诚恳地告诉大家""老实说""我绝对诚信""让我们以诚待人""这绝对值得信赖""我是完全诚实"等。是不是足以让人感到厌烦！偶然有那么几次弗朗西斯科的话语中没有带有与诚实相关的词，她就不禁想，他是在撒谎吗？

马尔西开始烦躁不安。她之前很期待韦恩赖特市的项目投标，还想着这可能是个好的开始。但她的注意力开始不集中，她正变得不耐烦，现在是劳尔又在分散她的注意力。她正在想，"别再说'不，你是对的了'。很感谢你对我的认可，但是为什么你的每一句话都以'不'开头？这简直让我疯了！"

马尔西很快就意识到，韦恩赖特市的项目很快就不再是他们的首选，这与它们的服务、信誉、产品或者价格都没有关系。这与公司洽谈人员一些无意义的口头语有关，就好比还没能看见森林的茂密树木，就被太多的泥沙迷了双眼，挡住了前行的视线。

习惯3——过度销售

强制表达和执行销售过程中每一个可能的步骤。

我们三个作者都不是经常购物。就算购物我们也会直奔主题，我们不是特别享受购买的过程，采购完就走。我想这一点很多男士会感同身受。而我们家庭中的其他人，我们的妻子和女儿，她们的购物习惯与我们大相径庭，仅仅从我们三个家庭身上，我们就已经目睹了在商场购物时人们的不同角度。

过度销售，也称之为增加太多不必要的附加价值。有些产品恰好是客户需要的，在销售人员推销之前很长一段时间客户就已经准备好购买了，此时销售人员只需顺水推舟，而大多数情况下，他们总是会过度销售。

在脑海中试想一个画面，一场销售演说正进行得很好。我们吸引了客户的注意力。我们有效地传达着产品特征、优势，以及能给客户带来的好处。我们通过他们提问的问题、他们的身体语言以及讨论问题的口吻可以感觉到，客户的兴趣点在上升。我们轻而易举地拿到了订单，到此处为止一切都进行地很顺利。但是这时情况出现了，在客户答应购买之后，我们还在一直不停地说，我们现在有些得意忘形、无法自控了。因为有时候我们想让客户知道更多该产品我们没有提及的特征，我们总觉得对于产品的优势他们了解的还不够。

无论是受自身动力驱使、来自老板的压力、职业的使命感，还是出于疏忽和心不在焉，职业销售人员经常会破坏他们与客户之间的友好联系。有时他们拒绝让客户自己决定销售进程，从而破坏了本已完美的销售过程。经常客户已经达到准备购买的程度，或者他们本身就是要主动购买，结果却因为销售人员的过度诉说而改变主意。

让我们看一个来自大型汽车销售公司的案例，他们的标准流程要求在销售的最后阶段，即在交钥匙之前，销售顾问要将客户介绍给服务部门经理。尽管他们的市场调研显示将客户介绍给服务部门经理是一个有效的关系建立方式，但如果客户觉得此次销售在此可以结束了，那么这样的方式就是破坏客户关系的杀手。如果你认为有必要提供给客户更多的产品优势，陈述更多的附加价值，或者将客户引荐至重要人员，那么一定要学会察言观色。如果感觉客户觉得销售购买已经完成，那么就到此为止。客户也许永远不知道或者根本就不关心他们会失去或错过哪些信息，相反，他们会感谢你对他们的需求如此体贴，让他们自己决定什么时候购买。要学会以退为进。

案例分析

韦尔盖塞·雅各布为一家当地很有竞争力的通信运营商工作，他主要销售"tone."，是电话号码和电话线路的独立销售代表。

这些企业的拥有者和高级合伙人最喜欢那些每年能够有成千上万美元掉进他们口袋的想法，而他们又不用为此放弃现在的电话号码。改变的唯一一件事就是订单从何处来。

韦尔盖塞刚刚与一家很大规模的法律公司的管理层开完会，会谈很成功，他正在为能够覆盖 12 条线路的方案做文字工作。韦尔盖塞心想，如果拿下这笔订单，这将是很成功的一周。去年他被评为"最佳销售"，现在看来今年也将是一个不错的开始。

正在做案头工作的同时，韦尔盖塞还在琢磨着他忘记问管理合作方的一个问题，"你和任何人都没有合同，是吗？"韦尔盖塞抬起头问道。他看到合作方慢慢地将订单放置一边，对他说："是的，我们没有，有什么问题吗？"

这确实不是什么问题。韦尔盖塞现在的合同也经常变，合同对他来说更像是一份纸质文件，并不具有实质的约束意义。但问题是，这是一个他没有必要问的问题，因为对方的答案他也已心知肚明。顿时气氛很不一样，那一刻韦尔盖塞觉得要打破沉寂，他告诉合作方说不必担心，他知道现在对双方来说合同都不是什么大问题。

然而，一切都太迟了。

合作方代表站起身，临走前将椅子推放好，并把订单留在桌上。她告诉韦尔盖塞在签合同之前需要再仔细考虑考虑，因为她要和现在的供应商洽谈一下早期的终止费用或罚款。这就意味着韦尔盖塞已经失去了这笔订单，他再也拿不回来了。

习惯 4——选择性倾听

在与客户交流时，缺乏积极的倾听。

在任何情况下，无法集中注意力可以说是人际交往关系中同理心的最大杀手，它能迅速将你从合作的首选变为备选。即使是最宽宏大量的人也会被你的心不在焉激怒。

试着去理解和学习倾听的艺术和科学，研究一致认为人们在倾听时分为很多层次。所有的对倾听层次的研究几乎都是这样描述的：粗鲁地忽略某人、逐渐关注评价、开始注意聆听（这样的倾听仅仅是为了时刻做好准备可以适时提出自己的观点）、最后达到积极倾听的最佳境界。

在大多数关于倾听的讨论中，一个关于人为因素的理论值得提出来供大家考虑。该理论强调。尽管我们的父母、老板，以及其他生活中对我们重要的人让我们变得社会化，但我们生来就具有很多社会化的倾向：有些人生来就具有很强的组织性，喜欢计划他们的工作；有些人喜欢随意和无拘无束；而有些人逻辑性很强；有些人则容易冲动做事。

我们常被问及："难道没有人是天生善于倾听的？"关于这个问题的答案，我们或许可以从下面的故事中看出一些端倪。"生活在同一屋檐下的三个小孩，陪伴他们长大的父母、老师都相同，而每个孩子的个性却完全不同。"你是否会问："难道这不是证明了人生来如此吗？"

当然不是。与倾听相关的问题随之而来：这是与生俱来的技能还是后天习得的能力？我们的回答是，倾听不是与生俱来的而是后天养成的技能。它自然发展，而又不仅仅是自发的。人们认为性格内向之人天生更善于倾听，他们总是在理清自己的思绪之后再说话。外向之人则相反，他们的说话欲望强烈，且说起来滔滔不绝（尤其很多销售人员都是外向型性格）。然而，值得欣慰的是，倾听的技巧是可以学习的，它们是后天养成的。

还有一个更令人欣慰的好消息：想成为一个好的倾听者只需要你什么都不做，这在纠正其他无效的人际交往习惯时同样被证明是正确的。你可以尝试"7秒钟沉默法"，我们不是在开玩笑：只需要试着7秒钟不说话，其他什么都不做，在会议上让客户 7 秒钟听不到你的声音。虽是如此简单之事，但刚开始时你可能并不那么容易做到。

很简单，只需要停止做那些此前令人生厌的行为。我们总是处于各种不当行为之中，滔滔不绝地谈话；与人争辩不休；想要在气势和讨论中战胜对方；表达不耐烦以致使人蒙羞；草草结束谈话（难道就不能以一种巧妙的方式结束我们的对话吗？）。扫除人际交往中的倾听障碍是一种只需付出一份努力却能换来高回报的行为。当你成为一个合格的倾听者时，无论是工作中的客户还是身边的亲朋好友，都会感谢且尊重你，你也会为自己感到自豪。

案例学习

米歇尔的团队正在竞标一个有关高级数据库管理软件的项目，除了米歇尔她们之外还有其他三家竞标公司。此时，她的团队正在客户那里准备第三轮的演讲。安装有投影仪的会议室里坐着来自客户方的六名代表，但是在米歇尔的团队打开笔记本准备演说之前，他们的副总经理起身发表了讲话。

"虽然今天的竞标接近尾声，很抱歉有一些与此项目或你们的演说无关的复杂情况。这些复杂情况要求我们能够尽早结束今天的演说。"尽管副总经理的表述非常友善，但是看上去他有一些着急甚至分心。"我们不想再另选时间，因此我们想让你们将时间压缩在 45 分钟以内，我们建议 30 分钟演讲，留 15 分钟问答时间。我们将给你们 5 分钟时间做调整准备，然后我们就开始。请大家放心，三家供应商的时间都缩短了，所以很公平。"

米歇尔和她的团队去大厅商议，对于除去 PPT 中哪一部分的决定全体都无异议。在会议室重新集合分配后，他们演讲时间为 30 分钟，15 分钟问答。在 45 分钟时限到时，米歇尔还示意提醒。最后，米歇尔对副总经理表达了对他们团队支持的感谢。

会议结束离开时，米歇尔与她的组员一起对今天的演讲表现进行了总结分析。在今天的演讲中他们重点介绍了公司的历史、优势和资质。他们知道，在这次招投标中他们并不是首选，但是他们的公司在对方心目中有一定的知名度，要不然他们今天也不会出现在这里。他们很好地传达了公司的运营过程、产品及其价值，事实上在此之前，他们已经演练了无数遍。他们对今天的表现很满意，然后驱车回公司。

再回到当时会议室的场景，他们团队是第一个发言，他们花了几分钟时间重新组织，然后回来做准备。所有的过程有条不紊地进行。他们的演讲控制在 45 分钟以内，其中包括至少 15 分钟的问答。下午 3 点开始演讲，3 点 30 分结束，然后是提问时间。

全场一片沉默。副总经理回答说："没有问题了，我们已经得到了今天需要的所有信息。感谢你们的到来，感谢你们对更改时间的配合。"

> 其他三家都演讲结束后，客户团队开始讨论今天所有的演讲表现。
>
> 副总经理回到办公室后给米歇尔打去了电话："你们第一个上场，我们就已经决定在这个项目上与你们合作了。"第二天，他给另外三家供应商打电话告诉他们落选的坏消息。这些供应商简直不敢相信自己的耳朵，因为此前他们的团队简直有十足的把握可以赢得这次竞标。
>
> "哪里出错了？我们怎么会失败呢？"
>
> 副总经理回答说："你没有认真倾听。"

习惯 5——无目的地交流

缺乏有效的商业目的（不仅表现于销售目的）而进行的沟通交流。

"我只是打电话来问候一声，看你最近怎么样。"有多少次我们接到过这样的电话？有多少次我们在打电话时对别人这样说？我们在当下糟糕的经济环境中，面对繁重的销售任务压力，努力为工作去联系客户。然而客户听到我们的电话后的反应是什么？我们努力使我们的声音听起来更加诚恳："最近怎么样？"而在客户那里，他们听到后的感觉是，"我打电话给你没有什么与你相关的实际业务，我想我只是想让你听到我的声音，浪费你的时间"。这就是典型的没有目的性的联系，甚至仅是为了填补空虚的时光。

自 20 世纪开始，研究人员已经发现，销售中与客户多次频繁联系的方式是很有效的。市场推广专家也表示，多次联系才会促使人们形成购买动机（人们普遍认可的联系次数是 4 ～ 6 次）。实际上，广泛的接触比一次性轰炸更能有助于实现销售的增长。如果你想在与客户的第一次接触后就促成销售订单，那就太急于求成了。反之，如果你在接触了 10 ～ 12 次之后仍然没有结果，那么理智的做法是放弃该客户：依据我们的经验判断，这种情况下，不管你或你的老板需要怎样的销售业绩，一般来说都不可能实现了。

为了达到我们的销售目的，我们可以通过多种多样的方式来与客户进行联系，如电话、短信、广告或市场推广活动等。下面，我们来讲讲多次接触中不可或缺的环节：必须是一个带有目的性的接触过程。整个销售计划中，你通过打电话、拜访或发邮件所建立的与客户间的联系，一定要有充分的理由。在客户眼中这样的联系必须本身是正当有效的需求；在逻辑上或情感上，必须有一个保持联系的合理理由。

那么，我们要传达的信息是什么呢？如果在工作中遇到紧急情况才会想到与客户"接触"，那么这样的"接触"通常都不会有好的结果，最好不要为之。如果此刻的"接触"可有可无，没有实质性的目的，那么最好也不要为之。没有目的的接触也是同理心的杀手。而销售中我们在多方面与客户联系，这样的联系多是自发的、不自觉的。根据我们在多年的销售业务中积累的经验，带有目的的接触有利于同理心的培养，我们有意识地与客户接触时，更能够站在客户的角度思考问题。如果我们每一次都努力做到与客户的联系是必要的、有目的的，那么我们必将事半功倍。

安迪，一家公司的总经理。此时他正独自坐在那儿，满脸困惑与沮丧。过去20年间他建立了一个相当成功的公司，并在7个城市创建了分公司。忠诚的员工，过硬的产品和服务，以及在行业中令人羡慕的声誉，似乎一切都在正轨上，那么此刻的安迪怎么了？

他曾经做过一个公司客户的满意度调查研究，询问了200个客户对其公司运作流程、产品价格以及质量的满意度。当他看到客户的反馈时无比惊讶，客户抱怨程度排在首位的竟然是："你们的销售拜访太频繁了！"

怎么会是这样呢？他们怎么会觉得销售人员联系太频繁呢？可能吗？安迪首先与销售管理层的员工一起看了这份报告。当被问及销售的拜访电话打给哪类客户以及什么时候打时，团队管理的负责人告诉安迪，大多数的拜访电话都是按既定的计划执行的；有关销售人员的拜访频次、拜访时间以及购买模式都经过了极其慎重的考虑和研究，他觉得他们制订的执行计划无可挑剔。然后，安迪又去找销售团队，而销售人员表示他们一如既往地严格执行销售管理人员制订的销售与拜访计划。

似乎公司的每一个环节都没有出错，最后安迪致电他的一些重要客户，终于从他们那里听到了不同的声音。"是的，你们的销售人员经常来拜访我们。我们很喜欢他们，但是他们的拜访有时不是为了我们的需求，而是为了满足你们的需要。不管刮风下雨还是烈日当头，每周四他们都会来拜访我们。问题是，我们并不需要每周四都看到他们。我们已经尽我们所能委婉地暗示过他们少来几次，但是他们的回答总是，老板要求不管出现什么情况都要固定地去拜访客户。你想过每次他们在我们不需要的时候出现，我们有多头疼吗？"

安迪被难倒了。他原先以为他们制订的所有计划都是以客户为服务中心的，但现在他发现自己"一厢情愿"了。他一一向客户道歉并提醒自己，今后一定要多站在客户的立场去思考问题，要以客户需求为中心。

习惯6——以貌取人

仅依据表面印象肤浅地做出判断。

在零售和房地产领域尤其如此：有的时候，我们通过观察一个人过马路的方式就对他妄加评判，认为我们已将这个人的本质看透。其实对此我们应该感到很惭愧，他还在十多米以外，一句话未说，然而我们就根据自己的假设和臆想，妄下判断。

很多销售往往会受到错误假设的影响，他们容易以貌取人，根据一个人的穿着、驾驶车辆的品牌、指甲上的尘土、头发的打理等表面现象对人做出判断。而大多数时候，基于外表的判断常常使我们低估了他人的价值潜力。

我们的调查研究表明，很多公司都有同样的经历。曾经一个房地产代理公司的职员想当然地认为某个客户没有购买的能力，接待过程中明显怠慢了该客户，致使在这份最终价格远高于报价的购买合同上明文规定了一条：负责招待该客户的职员没有任何佣金。

还记得电影《风月俏佳人》(*Pretty Woman*)里，当茱莉亚·罗伯茨在罗迪欧大道上逛街时的场景吗？她穿着寒酸，看上去完全不像有能力在那里消费的人。她对店员说，"我真的有钱"，但店员已经根据外表对她进行了判断，得出了她完全没有消费能力的假设，店员要求她离开。电影里穿着光鲜亮丽的她再次走进同一家店时，她优雅地放下包，对同一个店员说："你们是有提成的吗？"店员回答："是的。"茱莉亚举起手中她刚刚从别处购买的一大堆奢侈品，对店员说："现在知道你之前犯了多大的错误了吧！我要接着购物去了！"然后扬长而去，店员目瞪口呆。

有时候人们又容易走向另一个极端，即仅基于对表面信息的判断而高估客户的价值。我们已经数不清楚有多少次，销售人员在他们认为的重要客户身上倾注心血，尽心竭力，最后却没有给他们带来一分钱的收入，有的客户甚至索要了三次报价但都没有购买。你仅仅肤浅地从他们的外表来判断其潜在购买力，在他们身上付出了比别人多得多的精力，其结果往往令人大为失望。

不仅在职场上人们容易犯这样的错误，在你的个人生活中，关于其他人、其他宗教，甚至是一个社会事件你做过怎样先入为主的判断呢？那么我们要如何避免呢？方法很简单：尽管我们不能抵抗基于少量数据或外表而形成的判断假设，但我们可以做到不为所动。我们可以做到不让那些假设影响我们的判断力。

波林是一个非常强势的人。诸如"有占有欲的""外向的""缺乏耐心的"等形容词用来描述他的个性都很适合。作为一个拥有30人团队的咨询公司老板，他很成功。凭借高效率服务和高价值的信息，他的公司以及他们的工作在业界赢得了很大的声誉。

在一个行业会议和交易展示的演讲之后，波林正在享受着丰盛的晚餐。这时一个叫特里普拉的女士走近他，特里普拉告诉波林，她特别喜欢波林白天的演讲。波林很有礼貌地表示了感谢，但他似乎有些心不在焉，眼光在整个会场上游荡。随后，特里普拉表述了她的观点，并向波林咨询了有关演讲主题的一些问题，她的某些观点与波林的相悖。波林简略而又傲慢地驳斥了特里普拉的观点，在波林看来，这是一个在该领域缺乏专业知识的人向他发出的挑战。

一周后，波林公司的业务拓展部人员接到一通来自世界上最大的快速服务连锁公司的电话。他们有一个相当难得的、价值数十万的咨询合同，考虑到波林的公司在业界的良好声誉，本有意与之接洽。然而，因为晚宴上波林对特里普拉女士的傲慢表现，业务拓展部人员被告知这个合同不会再考虑波林的公司了。这位晚宴当晚与波林会面的女士特里普拉正是这家连锁公司的首席教育官员。

习惯7——饥饿营销

也被视为"销售扼杀星期六"。

这里使用的销售武器就是"饥饿营销"，尤其指的是"强制销售"的概念。简单来讲，"强制销售"就是简单地依靠强制力量——强行使人购买。在销售中，"强制销售"通过饥饿营销的方式来体现，通过这种方式我们有意使客户产生一种不太舒服的紧迫感觉，旨在推动客户达成购买意向。

当人们一再强调产品缺货、不足时，此时紧迫感的使用便可以产生短期的收入；但是，长期来看，当客户明显感到是在压力驱使下购买他们还没有准备好要购买的产品时，他们就会产生厌恶感。如果销售人员总是对客户说，"我只剩下一个了""我不确定能否为你保留"或者"我们不能保证下周是否还有存货"，就会使客户产生疏远感，进而产生抵制心理。"饥饿营销"不是万能的。

我们知道在工作中经常会出现销售产品不足的情况，而这有可能会影响客户的决定。此种情况的出现是可以理解的，也是允许的。然而，当真正面临销售产品缺乏时，平时人际交往中你与客户关系的紧密程度以及他们对你的忠诚度就显现出来。这决定了他们是否相信是真的产品不足而不是"饥饿营销"的手段。因为客户经常将这样的销售紧迫感看做是讨价还价的手段。当他们认为这是你的销售手段时，你的感想如何？你认为客户有多看重你们之间的关系？对你有多大的信任？

销售人员是作为公司的销售代表与客户打交道，销售的是公司的产品，提供给客户的是公司或公司产品的完整准确的信息。在整个过程中，销售人员难免要依靠第三方来完成整个销售环节，有时出错在所难免：订单下了产品却没有出货、运输的是错误的产品、开错发票、或者产品没有预期的质量好。

销售代表体会到了客户不满的后果："我是不会付款的""我再也不会与你们公司合作了""我会跟所有人说再也不要与你们合作了"。当有人失控地向你大吼、威胁你、侮辱你销售的产品，甚至拒绝付款时，我想即使是最冷静的销售人员也会失去理智。

案例学习

纸浆厂需要进行一系列操作使原木变成纸张，其中生产纸浆的过程需要机械、化学或两者兼之的诸多复杂工序，所有这一切都是从剥离树皮这一步骤开始，这一道工序是由剥皮机通过强大的研磨工具将树皮从造纸木材上剥离下来。

雷克斯的一个客户就来自造纸业，该客户从雷克斯购买成千上万美元的产品用在纸浆厂的剥皮机器上。他们已经与雷克斯签署了一份不定期的订单合同。在这个月末，也是一个财政季度结束之时，雷克斯再一次接到该客户的订单电话，这一次，雷克斯非常需要这笔收入，这关系到他在这一财政季度利润能否实现增长。

为了保证这一财政季度实现自然增长，雷克斯想到了一个他认为能够按时拿到订单的好方法。他知道客户对这批产品要得很急，如果不能及时拿到产品他们的产量就会受到影响。因此，虽然这笔订单来得并不是太突然，但是雷克斯这样告诉客户："你们很幸运，我们已经拿到了这批产品，但是可能不会在库房存放很长时间。实际上，如果我们不在两天内拿到订单的话，我就不能保证你需要这批产品的时候它们依然还在仓库了。"而事实上，雷克斯的说法并不完全属实。

客户的回答是第二天会给雷克斯回电话，但是此后就再无音讯了。其实客户非常明白雷克斯的潜台词，但他们知道他们不可能在48小时之内完成这笔交易，所以他们也做了两手准备。在联系雷克斯的同时，他们也联系了雷克斯的竞争对手，对方表示他们可以在客户需要的任何时候履行合同并及时供货。就这样，凭借在他们需要的时候对方所表现出的责任心，至今他们还继续从雷克斯的竞争对手那里采购。雷克斯的小聪明使他失去了一个长期的客户。

穆尼尔是一名机械工程师，并担任一个工程小组的领导，他刚刚完成一份与全球汽车生产企业的合作计划书，计划书中包括了完成该项目的具体劳动力评估方案。

史蒂夫，客户一方的主要买家。史蒂夫看着穆尼尔的眼睛说："我给你30分钟时间思考如何将你的劳动力评估降低10%。我们是有时间限制的，但是我也需要将成本降低至我们能够承受的范围之内。"

穆尼尔毫不犹豫，立刻回答道："史蒂夫，谢谢你给我们这次机会，我们现在就可以帮你节约这30分钟时间。在这个项目中，我们8个人已经帮你们节省了4个人的劳动力时间。在来之前，我的小组和我已经充分考虑并讨论了所有的可能，不可能再有更好的方案。不过没关系，我们可以退出。我不想让我的组员去做一些他们觉得超负荷的事情，这对他们对你都不公平。我们很感谢贵公司提供的这次投标机会，也希望你能够一切顺利。"

穆尼尔和他的组员向史蒂夫道别之后便离开了。在返回办公室的路上，他们接到史蒂夫的电话，告之他们已经在这个项目上中标了。"那关于劳动力评估呢？"穆尼尔问。史蒂夫表示，他们觉得穆尼尔的评估很公平准确，同时对报价单价格也很满意，公司想要尽快实施这个项目。他们很高兴能与穆尼尔的小组合作，同时对小组未来在这个项目上的执行力充满期待。

能够签下这个合同穆尼尔很兴奋，但是对于和史蒂夫共事，他又开始担忧，史蒂夫值得信赖吗？

客户对于"饥饿营销"的其他反应会是怎样的呢？他们可能会许下购买的口头承诺，之后出于别的考虑出尔反尔。还记得《甜心先生》（*Jerry Maguire*）中的汤姆·克鲁斯吗？作为一个新来的独立的运动员经纪人，他正在招揽一个年轻的足球运动员。他看上了一个心仪的运动员并在其父母家里得到了一个口头的承诺。汤姆建议签订一份书面合同，而其父亲的回答是："我说的话就是约定，我们不需要合同。"然而，之后他们改变了主意与另一家机构签约了，而汤姆却无能为力。任何人遇到这样的事情都会很生气吧？

销售是需要发自内心付出情感的行业，因此销售的过程中会经历各种情绪。如果你在字典里查找与"挥发""不稳定"相关的词汇，你会发现它们多与风险有关。销售过程中产生的消极情绪将使之充满风险，而生气（太多的紧张感）会让销售过程变得更不稳定。我们理解，在任何关系中出现生气的情况都不是单方面的责任，而对你来说如何平复生气时的情绪、缓解其产生的不稳定对销售的影响呢？还是什么都不要做。很简单，不在生气时发表自己的意见。

习惯 8——超越对方

在与人沟通交流时，总是想凌驾于他人之上，以显示你的聪明才智。

我们不知道这是否是人们一个根深蒂固的习惯，至少在我们身边这样的现象很普遍。尽管不知道源起何时，但这样的习惯确实对我们的人际交往产生了不良影响。例如，你向同事抱怨你经历的一个很痛苦的牙科手术，不但没有得到他的同情，没想到他反而向你诉说一个描述更加细致、更加痛苦折磨人的经历；你的兄长哀叹他的退休金账户日益减少，你却向他抱怨你的房子在过去一年中贬值了多少。

而更加严重的情形是，这种情况发生在与我们最亲近、对我们最重要的人身上。例如，我们的爱人向自己抱怨他经历了多么糟糕的一天，而我们的回答是什么呢？我们会热切地表现出我们的同情来安慰他，或向他表示我们非常理解和深深关心着他的处境吗？不！我们会回以更激烈的长篇大论来让对方知道我们的遭遇要悲惨得多。现实生活中，我们总是想在这些无意义的对话中占据上风，潜意识里容不得生活中其他人比我们更加不幸。

在人际交往活动中，这种不良习惯通常通过不同的形式表现出来，如在倾听对方的谈话时，我们会不耐烦地频繁点头直到客户结束述说，然后在对方话音刚落我们便开始发表自己的观点，或表示反驳或对其所述进行修正。很具讽刺性的是，我们正是想通过这种方式展现我们的独特个性，并给客户留下好印象。结果却是适得其反，我们给对方留下的是一副自以为是的模样，让人避之不及。

山姆是新泽西州一家小企业的老板，同时还是佐治亚州奥古斯塔国家高尔夫俱乐部的成员。这一天，他正陪同某个重要客户前往奥古斯塔当地一家最负盛名的高尔夫俱乐部，这里将举行一次专门的"客户高尔夫"活动。山姆迫切地想通过这样的活动拉近与客户的距离，同时在对方心中留下良好的印象。他花了很长时间才拿到该俱乐部的会员邀请，毫无疑问，他对此感到非常自豪。

运气总是不期而至的，山姆和他的客户与另一个公司的总裁组成一队。这位总裁经常出现在电视屏幕上，在当地有很高的知名度。在相互介绍寒暄之后，总裁建议打赌，打一局一洞一美元的18洞赛，给比赛增加些小小的情趣。而此时山姆却提出在新泽西州的俱乐部里大家都是打的20美元一洞的18洞穴赛。总裁走向他的车，同时微笑着向山姆做了个手势，友好地、开玩笑似的说："我不知道我能否能支付得起，1美元就够了。"

山姆与他的客户输掉了这场友谊赛，但是大家玩得很尽兴，气氛很融洽，因此并没有感觉到失落。结束之后，大家一起参加了俱乐部里举办的鸡尾酒会，山姆和他的客户与队友一起坐下来打牌。总裁建议一美分一张，而山姆再次打断他说："在我们的俱乐部里都是一张牌10美分。"

总裁沉默了片刻，当他再次开口的时候，直视着山姆："山姆，你认为你的身价值多少钱？"

山姆觉得这是在挑衅，他身体微微前倾，微笑着说："哦！大概3000万美元。"

总裁又停顿了一会儿，笑着说："那我们现在就玩3000万美元一局的吧？"山姆哑口无言。活动结束后，客户对山姆的态度急转直下，当然，山姆在俱乐部中的表现是最主要的原因。

习惯9——过度热情

使用不当的亲密言语或动作。

不同的人对于"亲密"的理解不同，同时"亲密"也带有不同文化的烙印。如果我们习惯性地直呼其名或更随意的称呼，如"山姆，今天怎么样？"这在某些地区是可以接受的。再如，在某些地区会称呼某人为"亲爱的"，而这样的称呼换在其他地方就会让人觉得很不舒服，会产生被冒犯的感觉。对人直呼其名，尽管本意是想要建立或显示一种亲密的关系，但是使用太频繁的话可能就会适得其反。除此之外，对方的不同年龄也会影响我们对正式和非正式语言的使用。

要注意的是，我们不是指另一个有害的人际交往习惯——性骚扰。我们的意思是，当我们使用不当的亲密称呼时，我们说话或对话的方式与现在彼此的关系不太吻合。

在这里，我们想要传达的信息很简单：不要错误得使用礼节性用语。我们认为销售人员经常过于急切地想与客户建立一种亲密关系，而这种关系除非是彼此都即刻需要（这种情况少之又少），事实上两个人要建立起这种密切的关系是有一个过程的，需在相互了解、接触的进程中一步步建立，同时有效地发挥同理心的作用，再根据客户对于你们目前关系的接纳程度缓慢进行，而不要一蹴而就。切记过犹而不及。

案例分析

12月的一个夜晚，在当地非常有名的购物商场里，人潮涌动。购物的人有的形单影只，有的成双成对，也有的三五成群，我们看到有人在商场里促销拉拢客户。一个年轻的销售人员正试图向一个看似不太感兴趣的人推销产品："打扰了小姐，要庆祝圣诞节吗？"客户快走了几步离开了。这个销售又在试图吸引另一个路人："打扰了先生，你爱你的家人吗？"这位路人一脸怀疑和惊讶，一个劲儿摇头，还特意绕行与那位销售拉开距离。这位销售所做的最后一次尝试是一个20岁左右的年轻人："打扰了先生，您结婚了吗？"结果可想而知，她试着与他对视，但是那位年轻人加快了脚步，朝着与她相反的方向走去。

习惯 10 ——不能持续保持激情与精力

容易忘记人们喜欢在感性的基础上做出判断，然后用理智去验证。

作为一个专业的销售代表，你对你所销售的产品充满信心，要知道你所提供的产品或服务是你个人信誉的象征。事实上，我们相信如果你决定以销售为生，并且热爱这个职业，这是你发自内心的热爱，你要将这份热情带到工作中、带到与客户的接触交往中。为什么有些客户觉得销售人员的表现平庸、机械、丝毫不能引起他们的兴趣呢？

激情被定义为"一种强大的情感或欲望，无限的热情"。对于为什么我们在与客户打交道时要保持激情，原因简直数不胜数。我们要时刻主动做好迎接客户的准备，不要等到客户主动找上门时我们还手足无措。可能我们将同样的产品或服务出售给固定客户已有很长时间，我们仍需要点燃激情维持与他们的关系而不懈怠。

这就是我们的销售工作——以身体上或精神上的努力或行动来换取销售业绩或成就。我们知道，世界上有太多的事情可以消耗我们的精力，但是如我们此前所述，与先搞清楚事情的原委然后研究加以改进相比，纠正错误的行为要容易得多。

实际上，弄清楚为什么我们在与他人相处时要保持激情的状态并不重要，重要的是要理解人们做决定的 80% 时间消耗在以感性为基础的判断之上；理智思考的时间在购买决定中只占 20%。由此可见，感性超越了理性。更有甚者，一位哈佛学者认为只有 5% 的购买决定是基于理性思考的行为，这可能吗？

真是令人不可思议！

在第八章中我们将讨论，一些有远见的公司正在衡量所谓的"客户努力度"，即衡量客户与它们合作时需要付出多大的精力。客户付出的多少与客户后续的购买忠诚度有着直接的关系：他们在合作中所消耗的精力越少，后续的忠诚度就越高。在这里，我们却需要另一个衡量统计，即统计我们在客户身上花费的精力及其与客户忠诚度的关系。

其实，在销售中我们处处充满激情也并不是时时奏效，并非任何时候都需要我们精力充沛，激情也不是建立密切关系和同理心的催化剂。你能在工作中持续保持激情与精力吗？在生活中呢？

这完全取决于你。

案例分析

　　玛莉亚的意大利餐厅里总是挤满了人。这家餐厅的选址非常理想，坐落于一个经济发展很成熟的社区，毗邻两个高档购物中心，距最近的高速公路仅500米。现在是周六晚上7点钟，餐厅里已经人满为患了。

　　门外的客人几乎挤不进去，他们需要去前台处领号，再花费近一个小时的时间等位，想要包间的话需要等待的时间更长。餐厅在走廊上为等待的客人们提供了鸡尾酒，享用的人很多，走廊里热闹非凡。

　　前台的拉里和雪伦负责安排等候的客人，一旦有客人结账座位空出，他们就招呼排到的客人入座。两个人都很有经验，一切都有条不紊，不过看上去两人都显得有些懈怠，面对客人时态度冷淡，工作态度也不是很积极。当闲暇时，他们谈论起这一周里最忙碌最令人沮丧的夜晚时满腹牢骚，站在前台附近的客人听到了他们的怨言，在他们心中就会对整个餐厅产生消极的看法。尽管玛莉亚餐厅的食物非常美味，交通也很便利，然而自此之后，很多客人不再将这里视为他们的第一选择。

习惯 11—— 为失败找借口

销售人员一厢情愿地认为，客户会相信并满足于他们为失败或错误而找的借口。

如同运动员在赛场上不相信眼泪，销售人员同样不能为过错找借口。在过去的数十年间我们对上千人进行了调查采访，你认为你听过多少次"对于你没能拿到订单我非常不满，但是销售人员给我解释了为什么会失败后，我就不那么生气了"。

我们认为我们从未听到过，从来没有。

销售人员会机械地解释客户为什么会失望，如果是公司的产品出了问题，客户生气是理所当然的。总之，我们尽可能地挖掘客户抱怨的不合理性。

如果你将注意力不是集中于过去所犯的错误，而是更关注未来的发展变化——集中于接下来你能够为客户做些什么，那么我们相信你将会更加有效率。

埃米利奥 20 多年一直接受着同一家通宵航运公司提供的服务。此间他也曾收到过一些很有竞争力的供应商的邀约，但这些公司在他看来都大同小异：同样的信封和包装盒，同样的文书。有时出于发货地点不同或者客户有特殊要求，他也会尝试采用其他的服务商，但似乎总是有问题出现：物品没有按指定时间到达；关于谁签收的包裹总是有争议；物件有损或者包装破损，等等。他与这些供应商的合作总是不那么愉快。这也是埃米利奥一直使用同一个航运公司的原因。

但是，就是这样一个长期合作的公司，服务也出现了差错。埃米利奥跨国邮寄了一个包裹，周四寄出，理应周一到达，但该包裹周三还没有被对方收到。埃米利奥觉得不太正常，于是致电航运服务商。销售和客服代表如往常一样娴熟而又专业地接听了电话，在埃米利奥诉说了情况以及提供具体细节之后，客服代表表示需要做一些查询工作，让埃米利奥在电话那头等待片刻。等待一段时间以后，客服代表征求埃米利奥的意见，问是否可以将他的问题转给具体负责包裹运输的追踪代理，埃米利奥表示同意。

他的电话被转至一个名叫阿尔贝托的追踪代理人那里，阿尔贝托表示，包裹最后一次出现追踪信息是在上周五，之后就再也没有它的任何消息了。他告诉埃米利奥，尽管很少有包裹在自动运输的过程中被打开，但是他们仍然在每一个中心城市都设有专门的仓库用来存储和调查那些损坏的被打开的包裹。阿尔贝托解释道，他们的货物仓储室非常大，占地18英亩[1]，80%都是机械化装卸，这可能是包裹丢失的原因。阿尔贝托问埃米利奥是否可以描述箱子里装的是什么以便他们可以做进一步的核实。埃米利奥描述了里面的物件之后，阿尔贝托表示，有了调查信息之后会给他回电话。

埃米利奥实际上已经猜到他的包裹出了什么问题，但似乎也已经无能为力了。无论如何对方都不会承认是公司的失误才造成了损失。其实，埃米利奥并不是特别在意包裹的丢失。合作了近20年几乎没有出现大的差错，出现这次问题也可以理解和接受。但是追踪代理人只是简单地描述了一下他们的追踪流程以及有可能会出现的结果，然后就挂断了电话。他对此次问题轻描淡写的处理态度，使得埃米利奥觉得他们公司和其他曾经合作过的航运公司没有差别，20年建立起来的合作关系一夜之间瓦解。

习惯 12——拒绝道歉

缺乏为个人或公司的错误道歉或承担责任的能力。

拒绝为自己犯的错误向客户道歉或者拒绝为给客户造成的损失负责，这是导致公司与客户紧张关系升级的首要原因之一。

如果作为客户，你从未从销售人员口中听到"对不起""很

---

[1] 1 英亩 =4047 平方米。

抱歉""是我们搞错了"等字眼，你会有何感想？销售人员会绞尽脑汁找出世界上所有能找出的理由告诉你，为什么你还没有收到购买的产品。他能将公司的政策倒背如流，并阐述产品的整个购买及运输流程，解释得头头是道，但却没有表露出任何道歉或愧疚的意思，对你的失望和生气没有表现出一丝的同情和理解，这又会让你作何感想呢？

有一种可能是，销售人员觉得如果向客户道歉，会有损我们在客户心目中的权威形象；也有可能是在激烈的市场竞争环境下，公司太害怕接到客户的投诉或者损失订单。来自老板、公司等各方的压力迫使销售人员推卸自己的责任。在工作或者个人生活中，一句真诚的道歉就意味着你已经承认了错误，并愿意承担所有的结果和责任。而在与客户的接洽过程中，勇于承认错误将会更有益于客户关系的发展，使他觉得你是一个值得信赖、勇于承担责任的人。

一句简单的"对不起"能够缓解此前的紧张气氛，为接下来的继续沟通提供可能，使得彼此的关系可以继续。在这里，我们唯一可以控制的是接下来我们可以做什么，而一句"对不起"是在为后面的积极行为做铺垫。

案例分析

爱斯特自己经营一家企业已逾22年。她是一名工程师，是毕业于麻省理工学院的研究生。她的专业是风险评估，帮助制造商将生产过程中的风险最小化。经过多年的努力，她已经成为咨询行业里首屈一指的专家。人近中年，爱斯特很注意保养，通过合理的营养膳食搭配和大量有益的运动，她的健康状况保持得很好。

因为是私人经营公司，爱斯特自己买医疗保险，已经持续买了22年。她为自己选择了一份COBRA（Consolidated Omnibus Budget Reconciliation Act of 1986），即1986年美国联邦统一综合预算协调法案，此法规允许个人在因失去职位或家庭状况改变而不合格时，可暂时根据大部分雇主的健康保险计划获得承保。然后，她又为她和家人选择了一份独立的保险项目。随着孩子们的长大，有些保险项目已经不适用于她的孩子们。一天，她收到一封来自保险公司的信件，信中说："又到了一个新的阶段，您将会注意到保险费用有小幅上涨。"她当然注意到了，不是小幅上涨，而是48%的涨幅。

他们是在开玩笑吗？

爱斯特拨通了保险公司客服中心的电话，她简要地描述了信件的内容，然后气愤地提出了她的问题："我是你们公司一个22年的忠实客户，你认为48%的涨幅仅仅只是小幅度上涨吗？"

在电话那头，保险公司的客户服务代表只是机械地回答，这确实是上涨。

"不，我是在问，你觉得这是小幅上涨吗？"

这次客户服务代表没有回答，电话里只有沉默。

没有办法，爱斯特只好试着换另一种策略："除了每月多支付这48%的保费，我还有没有其他的选择？"

"有的。"客户服务代表回答说："你可以选择改变你的保险方式。"

此时爱斯特真是沮丧极了："是啊，你一定会说，我可以降低我的保险总额，或者大幅度提高我的自付金额，总之，不管怎样，我的所有支出都会有你们所谓的'小幅度增长'。这在我看来还是别无选择！你们有在乎过客户的感受吗？"

客户服务代表又是一阵沉默。

爱斯特强忍着不满与愤怒说："我现在不能再跟你谈下去了，等我平静一些我会再打过来。"

客户服务代表回答说："好的，感谢您的来电。现在我还有什么其他能帮助您的吗？"

这次是爱斯特沉默了。

习惯13——将责任推卸给他人

因自己工作上的失误，将责任推卸给他人。

我们相信，这样的习惯通常是受到人们为失败找借口的需要的驱使，花几分钟时间思考一下这个有趣的例子：两个登山者在讨论，如果路上遇到了熊他们该怎么逃生。一个登山者的回答值得我们深思，"我不需要跑得比熊快，我只需要跑得比你快就可以了"。

我们可以将曾经得罪了的客户比作问题中的"熊"；因为我

们没能实现我们此前对客户做出的承诺，客户当然可以理直气壮地表达他的不满。面对这样的局面，我们通常会迅速在脑海中思索最简单最快捷的方式来解决问题。怎么做呢？我们本能地会把责任转嫁于毫不相关的他人来缓解客户当前的紧张情绪。

我们当然不希望这样的事情发生在自己身上。相信你一定有这样的经历，听到销售人员说"他们本来不应该告诉你这些的"。试想一下，一个对自己的公司和同事都缺乏忠诚度的销售人员，他们的话有多大的可信度呢？他们对你许下的承诺真的能履行吗？

将责任推卸给他人的不良习惯尤其需要得到我们的重视。多种因素导致了该习惯的养成，如为失败找借口、拒绝道歉、过度使用一些口头用语等，这些也正是我们此前讨论过的不良习惯。而要摆脱这些不良习惯需要我们的多重努力：说话前三思，学会说"对不起"，不要为失败找借口等。

这种努力很难执行吗？其实你什么都不用付出。你只需向客户传达出你理解了他的信息；只需要让客户知道你愿意承担失败的责任和尽力提供解决方法。在你与你的客户之间建立有效的沟通联系，你自然就会看到回报。

案例学习

古斯塔夫是一家大型分销公司的区域销售经理。在他手下管理着一些客户经理，他们都很积极上进，古斯塔夫也尽他所能给予这些年轻人积极的指导和帮助。当然，我们今天所要讨论的核心不是公司及个人的发展问题。近期，他注意到其中一个客户经理艾米，不仅在销售业绩上出现较大的滑坡，而且客户的投诉呈上升趋势。于是，他决定今天和艾米一起去与客户见面，一探究竟。

在他们驱车前往的路上，艾米接了几通电话："你的意思是莎拉还没有把产品发出去？她答应过我她会的。""劳尔没有和你再继续跟进吗？他私下告诉我他会的，我真不敢相信他撒谎了。"古斯塔夫在一旁听着，心里对艾米回答的内容很不满意，但没有表现出来。

古斯塔夫和艾米此次要会见的是客户公司采购部门的负责人。见面简单寒暄了几句后，客户直接询问艾米之前一周承诺过的报价单是否带过来了。古斯塔夫保持沉默，他想看看艾米的回答。"对不起，报价单还没有制作出来，我们公司提供报价的部门出了点问题，不止你们一家，其他客户的报价单也都被耽误了。真的很抱歉，今天回去我再帮你们查看一下。"艾米这样回答道。

古斯塔夫听着艾米的回答，再联想到他在车上的几通电话，对他的表现真是非常失望。

在匆匆回办公室的路上他什么也没提。到公司后，古斯塔夫首先对拖欠的报价单进行核实。结果他发现，艾米从来没有向相关部门提出过制作报价单的事宜。古斯塔夫亲自处理了报价单，并打电话给客户告知其报价单正在制作中。接着，他与人力资源部门商讨艾米的问题，最后结论是，艾米的所作所为不仅影响了他个人的信誉，也打击了整个团队的士气，更重要的是破坏了公司在客户心目中的形象，致使公司与客户的关系受损。

一周之内艾米就被开除了。

习惯 14——过度地宣传推销

销售中过度依赖公司的产品服务，过度进行推销。

人们对"宣传"一词的草率定义是，将想法观点传达给更多人的计划。每个公司都有其宣传推广部门，如果没有统一的宣传推广渠道，我们很难将公司的产品和服务信息传递给数量众多的潜在客户。公司的宣传推广将详细描述产品的特点、优势等信息，以使那些潜在客户能完整准确地掌握公司的产品信息。那这份关系重大的宣传推广计划要如何形成呢？我们需要在公司内部各部门间进行交流，征集反馈意见，确保对公司产品或服务内容的描述准确有效，且符合公司的整体形象，更有效地推动销售活动的进行。

那么关于宣传推广的困难在哪里？宣传推广中会出现哪些无效的人际交往习惯呢？我们认为，问题出在我们的销售人员或服务提供商不去考虑适应客户的实时需求或客户购买动机的变化，而仅仅是简单机械地向客户重复公司设计好的宣传推广信息，而这些推广信息对于他们来说是无效的、毫无意义的。对于很多客户来说，倾听你的宣传推销只是在浪费他们的时间和精力。

想象一下，现在是晚饭时间。在刚刚结束一整天的繁忙工作后回到家，你正想放松下来好好享受一顿丰盛的晚餐，这时候手机响了，你拿起电话，听到的是对方的一阵寒暄，"今晚怎么样威尔逊先生？"或许你会在听了10秒钟后，利用对方换气的间隙做些什么。据我们的调查，大多数人反映他们会"直接把电话丢给四岁的儿子"或者回答"你能否把你家的电话告诉我，晚些时候我会给你回过去"。

通常接到这样的电话都会令人觉得很反感：首先是我们的个人号码被泄露给不相关的人；其次电话中的人机械地说着准备好的推销台词，向我们宣传那些我们并不想知道或完全不感兴趣的产品信息。

案例分析

罗素正在4S店选购一辆新卡车，他是一个品牌忠诚度很高的人，前几次购车都是在这家4S店，因此这回对于他来说也是驾轻就熟。以前一直接待他的那位销售顾问已经离开了这家公司，这次陪同他的是一个新的销售顾问。

他们一起挑选完车辆后，罗素支付现金购买了卡车。付款后还需要等待销售顾问签署文字材料。在等候期间，这位销售顾问征询罗素的意见，他是否可以将罗素介绍给公司的金融和保险经理，这样金融和保险经理可以向他介绍一些有关"金融和保险"的业务。罗素同意了。

金融与保险经理名叫奥尔加，态度非常热情，他对罗素再次光顾本店表达了感激之情，接着询问了关于该品牌车辆驾驶感受的一些问题。此时，罗素还认真地倾听并予以答复。接着，奥尔加又继续问罗素是否注意到他购买的卡车有一个长期保修项目。在罗素正准备回答之前，奥尔加打开桌面上的一个文件夹，向罗素详细解释了驾驶过程中每一个里程的保养和预防性维修评估。

罗素想了一会儿，问道："你是在向我销售延期保修吗？"

奥尔加下意识地回答道："哦！不，我只是想确保你知道作为卡车所有者，你所要交纳的费用以及可以享受到的额外的优惠。"

"那好吧，"罗素说，"看来您已经做好了充分准备向我推销这些保险，但我只是碰巧有时间才愿意和您聊上几句的。谢谢您，不过我对此不感兴趣。"

接下来，罗素回到客户休息室等待最后的购买文件，此时，对于再次选择在这家公司购买卡车，他感到有些后悔，金融与保险经理的保险产品推销完全破坏了他对这家4S店的信任。

有些人在产品推销上很有天赋，他可以不用背诵事先准备好的材料就将产品夸得天花乱坠，内容覆盖产品的所有卖点，且在他人听来自然而不做作。我们中大多数聪明的人，如果不提高警惕，最后都有可能掉进这样的推销陷阱。

为什么会这样？考虑一下当前销售市场的现状，销售公司给予销售人员极大的压力。在这样的压力之下，销售人员不得不一遍又一遍地对客户进行地毯式的产品信息轰炸宣传，客户作为信息接收者已经变得麻木，对于这些信息，他们总是左耳朵进，右耳朵出，完全没有留下任何印象。销售人员错误地认为，只要执行了公司的命令，不断地进行宣传推销，总会完成那些繁重的销售目标。

与选择性倾听一样，不当的宣传推销也是诸多不良习惯的集合，正是我们过度使用信息导致了这样的不当宣传。然而，在平时的销售推广活动中，只要我们所宣传的信息与客户的需求相契合，或者我们用真诚的交流沟通代替机械的广告词，掌握好度，我们是可以做到恰到好处的。

客户已经将不当宣传视为令人讨厌的坏习惯，而这给销售人员带来了不好的名声。为了挽回局势，我们需要在与客户见面之前进行周全的准备，做足功课，在心里将这场交流默默彩排，要做到自然、诚恳和热情，就好像优秀的演员看上去从来不会是在背台词一样。这样接下来的交流沟通才会事半功倍。

习惯 15—— 浪费精力

在公司做无用的抱怨、责备与惋惜。

最后我们将要讨论的这两个不良习惯有些特殊，它们并不发生在你与客户的沟通交流之时，它们的不良影响不是直接的，而是潜移默化的，逐渐成为你与客户之间沟通交流的障碍。它们通常是破坏同理心、破坏与客户密切关系的不良习惯的根本所在。

在公司里，你与几个同事三五成群地讨论八卦，主题无外乎：谁搞砸了那个项目；他为什么会搞砸那个项目；谁的项目进展如何等。参加这些无意义的讨论只会浪费我们的时间和精力。不仅如此，而且还会影响更多。想一想你每天有多少时间和精力浪费在午餐时、饮水机前、休息室中或咖啡馆里的无聊讨论上？

你从这些"讨论"中能够获得什么呢？你花费了时间，投入了巨大的精力之后能得到什么回报呢？从中你得到有竞争力的情报了吗？这有助于你和客户之间建立密切关系和良好沟通吗？其结果是你什么都没有得到，反而浪费了你最宝贵的资源：你的感情能量和心理存储空间。

在一次重要的采访过程中，承包行业的一位首席执行官被问及为什么她的公司发展得如火如荼而她的竞争对手日益衰落。这位执行官的回答是："我将上网浏览新闻的时间严格控制，我从不浪费时间和精力，我需要将其花在别的更有意义的地方。"这看似很随便的答案道出了是什么引领你走向成功的真谛。

如何合理地利用时间完全在于我们自己。我们可以轻松地花上一整天的时间坐在电视机前看世界各地的新闻、娱乐资讯，或坐在电脑前浏览信息或网上购物，或与别人就一些无聊的话题闲聊一整天。我们也可以将这些时间用在认真工作实现自我价值、学习新知识以充实自己等更有意义的事情上。总之，关于如何合理地分配时间，我们可以套用一句广告语："我的时间，我做主！"

销售是一个需要与他人打交道的职业，这期间需要付出个人很大的努力和精力，而一个人的精力是有限的，如果太多其他的事情分散了你的注意力，你就不会将所有精力都用在你的客户身上，或者生活中那些对你来说重要的人身上了。

谢尔曼和琳在同一家公司就职已逾5年。两个人都拿到了研究生学位且公司给付的薪金待遇很好，在大多数人眼中他们算是"金领"阶层。不过他们所在的公司在过去的一年中进行了多次裁员且每次都会公开公布裁员信息，从管理层传达出这样的信息，"剩下的都是我们的精英人才，这是未来将要和我们一起走向成功的团队"。经过这几次裁员，各岗位员工人数不断减少，而公司对员工的压力与预期表现正在持续增加。

现在这家公司新的接班人刚刚上任，他的经营理念延续了前任的风格，继续裁员的动作，并对员工的管理提出了更高标准的严格要求。企业的员工人人自危，惶惶不可终日，生怕什么时候被辞退的厄运就落到自己头上。谢尔曼和琳也不例外。人们经常看见他们两个人在公司走廊外的吸烟区讨论事情，谢尔曼抽着雪茄，琳站在一旁，两人窃窃私语。他们不仅讨论着公司最后一次内部调整带来的损害，也在猜想下一次又会有怎么样的改变。如果你每天都仔细观察的话，你会发现他们每天早上有30～40分钟浪费在办公室外的闲聊讨论上，下午也会有30～40分钟。两个人加起来每天会损失120～160分钟的有效工作时间，这对工作和办公室气氛造成了巨大的影响。照此下去，试想会对谢尔曼和琳的个人业绩带来多大影响，而他们还不是唯一在外面聊天的人，这又会给整个公司带来多少损失呢！

习惯 16——过于追求销售数字

在牺牲其他资源的基础上实现和完成销售目标。

对于销售人员来说，太专注于销售目标和实现销售数字合理吗？太专注于目标有时会不会并非是一件好事？太专注于目标会给人们带来哪些困扰？这些或许是很多销售人员容易忽略的问题。一方面，为实现销售数量而努力奋斗的精神很让人钦佩，公司也会表彰和鼓励员工这样去做，然而如果付出了艰辛的努力却没有得到理想的结果，这样也会给员工带来莫大的打击，甚至会影响到他们以后的工作和生活；另一方面，实现目标要付出多大的努力？

过度专注于实现销售目标通常会导致人们对人生中的两个重大问题产生误判：在生活中我们想要得到什么；我们觉得别人想从我们身上得到什么。

针对第一点，我们正常的合乎逻辑的想法应该是，如果我们实现了销售目标，我们就会实现财务自由，有更多自由的时间，为我们所爱的人提供更好的环境，一起享受美好的生活，这样我们就会感觉幸福。这听上去很令人羡慕是吗？然而在追求这种幸福的过程中，我们却与初衷渐行渐远，我们总是忽略甚至伤害了那些对我们来说重要的人。

我们怀念陪孩子看过的每一场足球、篮球或者排球比赛。但是现在呢？我们为了实现自己的目标，为了取得我们想象中的成功，我们付出了多大的代价？我们疏远了客户，或者把客户的购买举动当做理所当然。

我们总是误解了家人对我们的期望，一心想要为他们提供更多的物质财富，让他们能够衣食无忧，认为这才是我们辛苦工作的唯一动力，却忽略了与家人的沟通交流，有时候陪伴才是最重要的。在老板为我们制定的更高的销售目标面前，我们毫无怨言，只想竭尽全力完成任务。然后在追求销售目标的过程中，为达目的不择手段，我们开始给客户提供一些虚假信息，我们现在认为，只要能让客户购买，一些善意的谎言是被允许的，在利益面前我们对谎言有了重新的定义。

在公司内部，为了完成销售任务并能在业务考核中独占鳌头，我们使出种种不可见人的手段、伎俩与同事竞争。我们偷偷抢走同事的客户，我们理直气壮地欺骗重要客户，甚至有的人凌晨来到办公室就是为了看一眼下班之后传真机上是否有别人的新传真。这些所作所为正在挑战我们的价值底线。然而，我们真的给予了家人他们想要的吗？我们的孩子真的会为了能够住进更大的房子而感到自豪吗？还是他们更以我们目前所从事的工作而感到自豪呢？

案例学习

布鲁斯是一个视频制作公司的技术总监，他的团队以卓越的作品、音效处理技术及利润项目管理而闻名，曾为多个世界500强企业提供服务和培训。在公司里，布鲁斯是利润项目管理协会的创建者之一，他定期与整个创新团队探讨音效设计，以及实施的过程和程序，这些有助于提高整个公司的效率和产量。

一天，布鲁斯打电话给恩斯特，一个合作过多次的老客户，他们的合作一直都很愉快，项目每次都能在规定时间及预算之内完成，产品反响也相当不错。此时他们通过电话会议正在讨论恩斯特的一个新计划——基于互联网、邮件和视频同步直播的新的交流网络，这有利于公司将产品、服务和市场活动信息直接传递给他们的业务相关人员。

他们在讨论项目实施的具体细节时，恩斯特有意无意地向布鲁斯透露了一个不太好的消息：这是个很有竞争性的投标，布鲁斯的竞争对手已经将恩斯特的妻子雇为他们的投标顾问，并将支付一万美元的咨询费用。

布鲁斯正忙于计算和记录项目的相关数据，对"将我的妻子牵涉其中并支付咨询费"这句话没有太在意，因此没有听懂恩斯特的弦外之音。直到下班开车回家的路上，布鲁斯才突然想起，"等等，让他的妻子加入这个项目，对方还给出一万美元的咨询费……为什么？据我所知，恩斯特从未提起过他的妻子也在我们这个行业。我不知道为什么她的咨询费价值一万美元。我想，刚刚恩斯特或许在向我暗示什么，花一万美元来得到这单合同？"

可想而知，后来布鲁斯的公司并没有拿到这项交易的合同。因为他没有支付恩斯特妻子一万美元的咨询费用。事实上，布鲁斯的团队再也没有与恩斯特的公司有过任何合作。

你从中学到了什么?

- 学会放弃:试着什么都不做。

- 这些不良习惯不是由于能力、智力或者个性上的缺陷造成的。

- 这无关于技能、智力、个性或信仰转变,仅仅是有关你生活中一些很简单的行为改变。

现在你会做些什么?

- 列出那些在与客户交流过程中给你造成困扰的不良习惯(无须细想,仅凭第一感觉)。

- 将这本书中所列出的不良行为习惯告诉你所信任的人(工作中或家庭中的都可以),然后咨询他们的意见:哪些习惯在你身上表现得最为严重。然后,反过来问问他身上有哪些习惯。现在立即就行动吧,开始思考这些习惯是如何对你们造成影响的。

第7章　致资深销售：舒适悖论

　　销售人员只有不断地摸索，在销售过程中总结失败的教训，再重复成功的经验，直到优秀已变成他们的习惯。

16个不良习惯真是不少，正是这么多的不良习惯让人们对销售这个职业嗤之以鼻。深呼一口气，让这些不良习惯引出的糟糕情绪都烟消云散吧。想要扭转局势，挽回销售人员在人们心中的形象，我们只需要做到书中第6章结尾处所讲到的：这无关于技能、智力、个性或信仰转变，仅仅是有关你生活中一些很简单的行为改变。

　　在你选择一个你首先要为客户放弃的不良习惯之前，我们将给你一些时间去反思和消化我们所讲的内容。

来自客户的声音

　　随着对阻碍我们发展的不良行为习惯描述的深入，我们希望这些内容能对每一个读者都有所启发，而本书对于正从事销售行业的销售人员应该更具有直接的指导意义，而销售人员通常又分为资深销售和销售新手。

我们都一致认为发生在资深销售身上的案例更加具有代表性。人们可以从销售新手身上发现那些不良行为习惯的苗头，但我们发现资深销售人员与他的客户打交道时所表现出的不良行为习惯倾向更加明显。除此之外，销售人员队伍中还存在着另一个新的、非常特殊的群体——销售"被迫入伍者"，即那些非主动加入销售队伍的销售人员。由于社会上对销售的看法普遍负面，不愿从事该行业的人员规模越来越大。而这些"被迫入伍者"因为经济、公司和诸多不可控的因素被卷入了销售领域，现在，他们只能既来之，则安之。

我们已经知道，在很多领域，服务人员已经变相成了销售人员。我们的一个研讨会参与者曾经说，"我选择成为一名工程师，就是因为我不喜欢和人打交道，而现在公司却让我成为客户服务工程师"。还有在医疗设备领域的很多其他客户，从注册护士、医生到临床医护人员等，他们的公司告诉他们："过去你们是在医药行业，现在你们是在医药行业的销售领域了。"从电话服务中心到汽车交易市场，传统的服务提供商正在逐渐被转为销售的角色。

在本章以及下一章中，你将会看到这些人的想法以及我们对他们的观察，同时还有对耐克销售总监、雅培全球销售副总裁、福特客户服务部门零售销售执行副总裁的采访。

资 深 销 售

▼

首先，让我们探讨一下是什么造就了一个资深的销售，以及每天影响一个资深销售行为的相关因素。我们还会告诉你一个资深销售最喜欢使用的人际交往习惯。

对于很多行业而言，对于一个销售人员需要多长时间才能创造出"产值"方面人们进行过诸多研究，而对于培养一个资深销售似乎没有具体的时间标准。唯一可以确认的就是，这个时间与你所处的行业以及公司有关。关于资深销售的认定，人们普遍接受的标准就是收入越高，证明该销售越资深。为了赢得这个称号，可能你需要辛苦奋斗 3～7 年，而且还需要在别的员工的帮助之下，才有可能成长为一个资深销售。

很多用来描述职业销售或是资深销售的语句都围绕着个人悟性或是能力展开。在绝大多数情况下，专业销售或是资深销售都被描述为"不知不觉""轻而易举""毫不费力"地就完成了销售目标。"我需要做的仅仅就是给他们提供子弹，然后任他们上膛尽情发挥就是了！"这是一个销售经理绘声绘色地描述他们管理资深销售的方式。我们不否认悟性和能力在销售过程中的作用，但除此之外，我们想要强调还有其他一些因素。

我们承认有些销售人员具有天生的资质和能力，但是世间万物有利就有弊。自信而有经验的销售可以在销售行业中窥探全局、对整个过程驾轻就熟，就好像他们踏入的是一个表面布满了矿藏的矿区，他们不用努力就能够创造奇迹。而正因为这一切来得太容易了，这些人逐渐失去了工作的动力和热情，被那些后来者所取代。这就是我们所说的"舒服悖论"。一个资深销售身上所具有的丰富经验和敏锐的洞察力，并不是我们所特别看重的。我们认为，丰富的经验和能力，加上一个初学者的心态，这才抓住了成为一个优秀的、专业的销售人员的本质。

根据管理销售人员的管理者所述，以下因素对一个专业销售人员会产生很大影响：

- 信息
- 信息技术的使用
- 销售目标
- 客户素质的提升

在之前几章中我们讨论了客户获取信息的路径，作为销售人员的我们已经不再是客户唯一的专业信息来源，客户可以通过各种渠道获取他们想要的信息。而最重要的原因就是客户们在成长、在变化，且多数情况下购买方式已经转变，出现了个人采购、集团采购、组团采购等购买方式。我们也不乏这样的例子：我们直接销售给我们的客户，并通过他们再介绍给他们的客户。有时这些连带销售的案例迫使我们依靠技术手段来理解和获取这些连带销售的客户群。

以下是我们认为对于资深销售来说最常见的不良习惯。

- 习惯1：不能专注于当下——在与别人沟通交流时，总是表现得心不在焉。

- 习惯 4：选择性倾听——在与客户交流时缺乏积极的倾听。

- 习惯 6：以貌取人——仅依据表面印象肤浅地做出判断。

- 习惯 7：饥饿营销——也被视为"销售扼杀星期六"。

- 习惯 8：超越对方——在与人沟通交流时，总是想凌驾于他人之上，以显示你的聪明才智。

- 习惯 10：不能持续保持激情与精力——容易忘记人们喜欢在感性的基础上做出判断，然后再用理智去验证。

我们相信在销售过程中，这些不良的习惯不会同时在一个人身上出现，但经过调查你会发现，它们在资深销售群体中出现的更加频繁。资深销售已经阅人无数，与太多形形色色的客户打过交道，不用消耗太多精力就能将对方看穿、理解对方的需求。不管一个客户的语速有多快，他们似乎只需专注地听完客户叙述的三分之一，就足够判断客户的需求。通常资深销售只需很少的付出就能维护好与客户的关系。

其中，一些资深销售的不良习惯直接与他们长期处于销售行业激烈的竞争环境有关。对于销售人员来说，只有完成销售目标才会有收入，这样的压力是从事其他行业的人员无法想象的，但对于销售人员来说适当的竞争和压力是有必要的。正是因为这种压力和竞争，促使销售人员与自己的同事、同行展开竞争，尤其是资深销售人员，为了保持自己的地位和收入，不自觉地想要在与客户的交流中取得优势，更容易使用"饥饿营销"的方式促进销售，在竞争中获胜。

为了证明该观点，接下来我们看看对两个功成名就的资深销售的采访：约翰·麦克林——耐克高尔夫美国销售总监，以及克里斯托弗·理查森——雅培全球销售副总裁。

约翰·麦克林——耐克高尔夫美国销售总监

尽管现在是在耐克工作，约翰在加入耐克之前的 15 年一直任职于泰勒梅－阿迪达斯——阿迪达斯高尔夫，以及高仕利——眼镜蛇高尔夫公司的上层销售团队，对于该行业产品的销售他有着丰富的经验。

作者：第一个问题：你能给我们谈一谈这些年来你在销售和销售管理中的体会吗？

约翰·麦克林：我很幸运过去 15 年来能够在高尔夫这个行业工作。记得 1996 年，经过 6 个月的求职历程，我放弃了一份收入丰厚的建筑业项目工程师工作，选择在泰勒梅－阿迪达斯担任一名客户服务代表，那是我的第一份工作。其实，当时电话销售并不是我考虑的长期职业发展方向，但是我知道这是进入高尔夫行业的一个重要切入点，客户服务代表这个职位给我带来了很多培训机会，接受了正规详尽的指导。这是我新的职场生涯的开始。

工作后的第一年，我在洛杉矶成功完成了第一笔销售交易，此后便开始思索今后的职业发展方向。接下来的 14 年，我陆续被任命为美国东部和西部海岸的销售代表、区域管理经理、战略客户经理，以及美国地区两家分公司的销售总经理，在这些职位上我获得了宝贵的经验。与很多其他行业一样，这些年来高尔夫行业也经历了重大的变革而且还将继续发生改变。今天，作为耐克高尔夫的美国销售总监，我凭借过去工作积累的丰富经验，继续贡献自己的决策和判断，带领我的团队为公司创造更好的业绩。

作者：感谢你的回答。那么接下来，在你看来如今的销售领域呈现出哪些特点呢？

约翰·麦克林：首先，高质量的产品和服务是制胜的关键因素。在你谈论销售之前，你必须拥有表现优秀、质量过硬的产品。优质的产品服务是实现销售的前提。具体谈到我们这个行业的销售，对零售人员的培训非常关键。有了网络，客户对任何产品的信息都触手可及，那么销售的重点就不是简单地向客户传递产品信息，而是要完全了解产品的卖点及客户的需求，然后及时地把它们联系在一起。记住，销售人员不仅仅是在销售产品，如果他们不能很好地说出产品的特点及优势，以及如何能够满足客户的需求，那么他们就不会被客户列入考虑范围，更不用说向客户销售他们的产品了。

作者：如今的销售与过去的不同之处在哪里？

约翰·麦克林：是的，你知道10年前当我还是一名销售代表的时候，所有人的关注点集中在销售的数量上。但在今天，商业环境完全不同，零售商已经成长起来，他们不再那么强调数量。库存、周转和利润率是目前讨论的普遍话题。除此之外，绝大多数零售商都面临专业销售人员不足的困境，高尔夫专业人员承担了比以往多得多的责任。这些转变的结果就是，一个零售商希望并且能够承受的存货数量越来越少，这对于我们扩大业务来说是个不利的因素。因此，我们的销售团队需要花费更多的时间关注零售和推广服务举措。例如，以商店促销、免费球杆检测，以及产品演示等方面的投入带动销售，那些高尔夫球制造商现在也越来越重视产品的宣传推广工作，他们派遣自己的员工到各个销售门店工作，提供专业的咨询服务。另外，我们也很重视客户的传播影响力，很多时候，新客户都是老客户带来的。

作者：听上去很有道理，那么，在购买中你看见或希望看见什么趋势？

约翰·麦克林：趋势是将来的客户会非常看重产品价值，他们更愿意高价购买优质的产品。互联网越来越成为早期销售的一个步骤，这使得销售人员在零售店里与客户进行一对一的交流变得更加重要，你需要把客户暂时的购买欲望变成现实的购买需求。其实，客户还是很希望在购买过程的某个阶段与卖家进行面对面交流的。

作者：约翰，你有多喜欢销售这个职业？

约翰·麦克林：销售真是让人又爱又恨。不管你的工作有多辛苦，不管你是否完成销售指标，我都喜欢。

作者：约翰，在你心目中是什么让资深销售与众不同呢？

约翰·麦克林：资深销售的入行时间一般比较长，他们更懂得交流的技巧。凭借多年的销售经验，尤其是在同一领域内的人脉积累，他们已经发展出了很好的关系网络，这对于销售工作大有益处。他们擅长利用公司提供的各种手段和资源，不会为与工作无关的事情分心，将所有的精力集中于重要的事情上，这样使得他们的工作更有效率。

作者：我的另一个问题是，对于一个销售代表来说，成长为一个资深销售需要付出哪些？

约翰·麦克林：需要的是时间。资深销售代表所拥有的销售技巧和工作经验也是他们在多年的销售实践中积累而来的，而这需要的是时间。

作者：你认为资深销售给公司带来了什么？

约翰·麦克林：他们的自信、对产品知识及行业现状的了解、高效的办事效率对公司销售的影响显而易见，更能带动整个销售团队的士气。

作者：那么，你能想到的弱点是什么？资深销售有哪些弱点？

约翰·麦克林：一个人一直从事一个行业太长时间，很容易滋生自满倾向，失去奋斗的动力和激情。当然，这也是人类的通病。

作者：对于客户希望我们放弃的 16 个不良习惯，哪些在资深销售身上表现得更为严重？

约翰·麦克林：不能一直保持激情可能是资深销售最大的弱点。这并非他们故意为之，在那些成功人士身上时有发生。随着你工作上一直以来的成功表现，成功所带来的那种刺激和兴奋感将会持续下降。

作者：那在资深销售身上表现得最不明显的不良习惯呢？

约翰·麦克林：我想可能是过度销售。

作者：在你看来有没有一些不良人际交往习惯是我们遗漏的，同时又给资深销售带来很大麻烦？

约翰·麦克林：我认为最重要的是要有一个初学者的心态。那些盲目自大、总认为自己已经知道一切、不愿意改变的人是最容易遇到麻烦的。如果你是经验丰富的资深人士，同时又保持着初学者的心态，那么你定会所向披靡！

克里斯托弗·理查森——雅培全球销售副总裁

克里斯托弗·理查森的职业销售生涯是从医学领域开始的，他很早就立下志愿将销售视为其毕生的事业。克里斯托弗·理查森曾经是一位心血管内科医生的助理，作为医生私人助理的经历和背景使他在他早期的客户群体——心血管外科医生面前树立了良好的信誉，建立了密切的关系。克里斯托弗的销售生涯从巴克斯特开始，历经医疗器械经营企业 Guidant 公司、波士顿科学国际有限公司以及现在的雅培，他一步步从部门经理、本土经理、区域经理一直升到现在全球销售负责人的职位。

作者：作为这样一个拥有坚实背景和丰富经验的销售精英，能否告诉我们在销售中你看到什么样的趋势？

克里斯托弗·理查森：在今天的医学销售领域最明显的改变就是你需要去了解真正的购买方是谁。过去采购产品都是外科医生或心脏病专家独自决定，而现在他们已经失去了这种权力，医院委员会全体人员共同商议投票来做购买决定。我想总的来说，健康护理领域的趋势是由目前的经济形势决定的。

作者：你的职业发展目标从医学领域转到了销售行业，这是个巨大的转变。你能否谈一谈销售行业的哪些方面吸引了你？

克里斯托弗·理查森：我之所以喜欢销售就是因为它需要人们灵活的思维、快速的反应和机智的应对，通过这些在与客户交流中引导他们从而影响他们的决定。销售人员对自己、对所销售的产品充满自信，最终看到客户购买到称心满意的产品，这样双赢的局面让人充满了成就感！

作者：销售工作有什么是你不喜欢的呢？

克里斯托弗·理查森：我想可能是频繁地出差。在任何销售中面对面地交流都是非常重要的——如果你不去拜访客户，那么别人就会出现在客户的办公室里。这是很残酷的现实，市场竞争如此激烈，因此要求我们必须频繁地外出拜访。销售确实是一个需要付出很大精力的职业，不管你是近距离出差还是跨国出差，你一直在奔波，"出差在路上"已是家常便饭。

作者：哪些因素让资深销售与众不同？

克里斯托弗·理查森：资深销售一直在寻找潜在的客户，并且凭借敏锐的洞察力能够准确锁定目标客户。他们对自己所做之事谋定后动，能够很好地判断用何种方式与目标客户打交道。

作者：是什么造就了一个资深销售呢？

克里斯托弗·理查森：我不知道是否真的有这么一个关键因素，就算有可能也不会起到直接的促进作用。销售人员只有不断地摸索，在销售过程中总结失败的教训，再重复成功的经验，直到优秀已变成他们的习惯。

作者：资深销售最大的优势是什么？

克里斯托弗·理查森：当然是他们可以不断为公司带来订

单，创造收入。我知道人无完人，但是资深销售几乎没有失败。

作者：那么什么是他们最大的弱点呢？

克里斯托弗·理查森：他们对现在的状态感到很满足，自我感觉优越，盲目自信，致使他们开始一意孤行，不再支持或配合团队和公司。

作者：回看第6章中讲到的不良习惯，哪些不良习惯在资深销售身上表现得最为严重，为什么？

克里斯托弗·理查森：我想可能是"以貌取人"，销售人员试图走捷径，凭着自己的丰富经验，不愿意花时间和精力与每一位客户沟通交流。另外，有选择地倾听这个不良习惯在他们身上也表现得较为严重，他们倚老卖老，盲目自信，认为不需要认真倾听就能够理解客户的需求。不能保持精力与热情，以及不能专注于当下，这些都是资深销售自我感觉优越的表现。

作者：对于今天绝大多数的销售人员来说，你认为他们在客户面前最不应该做的事情是什么？

克里斯托弗·理查森：我想应该与所讨论的习惯5有关：无目的的交流。切记，不要试图在销售过程中与客户进行没有目的的联系。你要知道，作为一个销售人员，你此行的目的是使客户购买或使用你们的产品，如果你仅仅抱着试试看的态度，认为他们只是被用来填补下午拜访客户清单上的空缺的话，那么你就大错特错了。如果让客户觉得你的拜访或联系没有明确的目的和充分的准备，他们就会认为你是在浪费他们的时间，那么以后你也就不要指望他们会购买你的产品了。

作者：那么在客户面前，资深销售一开始最应该做什么呢？

克里斯托弗·理查森：尽管不是所有的努力都一定会有回报，不是你的每一次拜访或联系都能够达成购买协议，但是在与客户联系前做好充分的准备还是至关重要的。了解你的目标客户是谁，他们的需求是什么，什么时间拜访最为合适。现在就从明确联系的目的开始！

作者：当与客户成功取得联系后，接下来他们应该做什么？

克里斯托弗·理查森：为客户带来价值！想象一下，看着资深销售们自信地走过办公大厅，紧随其后的是正在加快脚步的客户，看到这样的场景是不是很振奋人心："今天你给我带来什么产品了？每次我看到你，我都能有所收获。"这就是资深销售人员的功劳！

作者：在接下来几年我们将会看到销售行业最大的变化是什么？

克里斯托弗·理查森：当然，随着经济的发展，世界形势大不一样，最大的区别在于时间和信息。首先，客户受到了更好的教育，他们通过新的科技手段获得的信息量完全不少于销售人员，这就给销售人员带来更大的压力。其次，工作和生活节奏的加快，人们不愿意也没有足够的时间可供浪费，他们不会再将时间花费在无意义的事情或销售人员身上。

作者：最后，对于销售人员的发展，我们还有什么遗漏的问题吗？

克里斯托弗·理查森：也许就是个人发展的问题了。这倒是提醒了我，我们一味地忙于工作，但并没有付出足够时间、金钱或是精力来加强我们自身的竞争力。在如今多数产品大同小异的市场上，产品本身的内在价值差异化已经不那么明显，而价值附加值更多地取决于专业销售的能力。如果我们不提升自己，那么迟早会被这些不良的习惯彻底击垮，最终也会导致销售的失败。

你从中学到什么了？

- 资深销售与销售新手的差异化销售需求。
- 销售"被迫入伍者"的出现。
- 资深销售面临的新形势：信息、科技、销售目标、客户素质的提升。
- "舒服悖论"：成功的优越感可以有助于你，也可反作用于你。
- 资深销售易出现的不良习惯：不能专注于当下、选择性倾听、以貌取人、饥饿营销、超越他人、不能保持激情和精力。

现在你会做些什么？

- 花时间思考一下你身边资深销售或者销售新手的销售行为。
- 你呢？"舒服悖论"影响你的生产力了吗？
- 与你的老板一起讨论"舒适悖论"。关于其对你的影响他是如何评价的？

第8章 服务向销售的转型：心态的力量

我们需要以一种新的方式对外联系和销售，那就是实现服务向销售的转型！一夜之间，数以千计的服务提供商转为销售人员的角色，我们也不能落后，不是吗？

　　第 7 章的内容给了我们很大的思考空间。一个有着多年工作经验的销售人员，深得老板的器重和同事的尊重，这样的舒适感和优越感会使其盲目自大，遇事不去深思熟虑，完全按固定思维行事，同时这种舒适感也会导致同理心的丧失，反复出现那些我们此前提过的不良人际交往习惯。这就是一个专业销售和一个令人生厌的资深销售之间的区别。

　　现在我们来看一下另一批销售人群——最初可能并不想踏进销售行业的"被迫入伍者"。无数的行业正在将服务提供商转变为销售人员的角色；这些正在诸如电话服务中心、汽车交易市场、医院和私家诊所上演，甚至是在航空领域。此前我们已经介绍过，美国航空 8% 的收入是来自于出售机票以外的其他服务项目。

　　世界经济和文化的发展正加速这样的转变，越来越多的营销模式和销售方法已被时代逐渐淘汰。例如，此前屡试不爽的电话销售，如今在人们"不要再打过来"的厌烦回复下几乎无法再生存下去；低效的传统邮递已不能适应人们的需要。因此，必须寻找另外的客户联系方式和商业增长模式。同时各行各业有更多人加入服务提供商的行列，竞争越加激烈。

寻求新的经营模式的努力已经展开。在汽车交易中，客户已经习惯电话预约汽车维修保养。全球的诸多行业，他们的服务提供商已经开始与客户进行长期固定的有规律的联系。我们需要以一种新的方式对外联系和销售，那就是实现服务向销售的转型！一夜之间，数以千计的服务提供商转为销售人员的角色，我们也不能落后，不是吗？

我们知道，影响一个资深销售效率的很重要的因素是他们目前的状态过于舒适，而同样，对于刚刚进入销售行业的"被迫入伍者"来说，心态也是成功的关键。猜一猜那些被动进入这个行业的销售人员的心态？在研讨会上，我们定期让那些销售"被迫入伍者"围绕"销售人员"一词玩单词联想游戏。我们发现，他们联想到的与销售有关的95%的词汇都是负面或贬义的。由此可见，他们被动进入的这个行业，在他们眼中是多么的令人生厌。

心态表示一个人的心理状态及情绪，一个人的心态，对他的人生成长与发展会有很大的影响。服务向销售的转型过程中，改变心态很重要。

从服务到销售，影响该转变的因素是什么？

- 技术以及交流方式的升级
- 经济因素

语音识别技术、客户资料实时传输、市场渗透和销售转换分析等客户联系技术的发展，甚至社交媒体的发展都对追加销售、交叉销售以及"服务向销售转型"等方面做出了积极的贡献。通过这些技术手段的使用，公司也能够快速实现销售业绩的增长。在脸谱网等社交网站上，汽车制造商可以发布新产品的介绍；航空公司可以公布除机票销售之外的附加服务信息，如优选座位或其他便民措施；而零售商们可以告诉客户他们的产品"可以延长保修期""使用环保材质"等信息。这些信息通过社交网络可以快速而准确地传达至更广泛的受众。企业经营者最关心的依然是利润率、收入等现实问题，不管对错与否，这些都是促使服务转向销售的原因。

那么，对于销售新手或者那些刚刚被迫加入销售队伍的人员来说，哪些是他们身上最无效的销售习惯？

• 习惯2：过度使用不当口头用语——过度使用没有必要的（毫无意义的）口头用语。

• 习惯3：过度销售——强行表达或执行销售过程中每一个可能的步骤。

• 习惯11：为失败找借口——销售人员一厢情愿地认为，客户会相信并满足于他们为失败或错误而找的借口。

• 习惯12：拒绝道歉——缺乏为个人或公司的错误道歉或承担责任的能力。

• 习惯13：将责任推卸给他人——因自己工作上的失误，将责任推卸给他人。

• 习惯14：过度地宣传推销——销售中过度依赖公司的产品服务，过度进行推销。

我们也知道，这些不良习惯并不只是表现在销售新手和"被迫入伍者"身上，但我们认为之所以在他们身上表现得尤为明显主要出于以下两个重要因素：刚入行的不适应，以及人际交往中的不成熟。也许正因为这样，他们更加容易遵循公司的指令或章程。

当我们进入一个全新的领域时，对行业规矩及职业前景的不确定，导致绝大多数人感到不安和焦虑，再加上销售行业的特性——完成销售指标的压力，成功与否直接与销售结果相连；并且人际交往具有很大的不可预知性，即在与客户打交道的过程中我们不确定自己的行为是否能左右客户的购买决策，在种种复杂的情况下我们很难保持一个良好的心态。而当人们是被迫进入销售行业时他所面临的压力和紧张感就更加强烈了。这些因素导致的直接后果就是销售人员容易产生不适和抗拒心理，这一点非常不利于销售人员发展提高自身的技能和能力。

在第 4 章我们讨论了同理心与以自我为中心的平衡，这是影响销售人员与客户交往的关键因素。通常如果销售人员太以自我为中心，那么在与客户接触时就会缺乏同理心，不懂得站在客户的角度思考问题。对于那些销售新手或被迫入行的销售人员而言，经验的缺乏也会导致以上的行为。其实，在人际交往中为了缓解我们的紧张情绪，本能地采取那些不太有效的行为是很常见的。

影响销售新手和"被迫入伍者"取得进步的第二个因素是，他们更容易拿公司当靠山，来转移不当人际交往所造成的紧张。我们会看到那些销售人员总是为失败找借口、将责任推卸到他人头上，尤其是在宣传推销产品时传达的并非是客户感兴趣的信息而引起客户反感的情况下，他们会觉得完全没有必要向客户说"对不起"。我们曾做过一些调查研究，参与者告诉我们，他们觉得没有必要道歉是因为他们觉得"这是公司的责任"，有时候他们能够说"我很抱歉"，但是他们认为不值得以个人名义说出"对不起"来为公司的错误承担责任。

通过这些年我们在研讨会上对专业销售人员的培训经历，我们对他们的这些思想和行为动态有了直接的观察。本书的写作过程中，我们也有幸采访到一些首席执行官，他们在管理过程中正努力让他们的销售人员避免出现这样的困境，他们非常乐意与我们分享他们的经验。接下来是我们对赛科斯企业集团全球运营执行副总裁——詹姆士·C. 霍比以及福特公司客户服务部门零售销售改进经理——迪安·布鲁斯的采访。

詹姆士·C. 霍比——赛科斯企业集团全球运营执行副总裁

詹姆士·C. 霍比的办公室位于佛罗里达州坦帕市，他管理着公司分布在全世界的 80 多个联系中心，有超过 45 000 个销售和服务代理就全球运营情况向他汇报。赛科斯公司已有超过 30 年的运营经验，作为众多世界 500 强公司的供应商，赛科斯受到诸多行业领导者的青睐。詹姆士此前担任过捷威集团客户服务部副总裁，以及美国运输公司和联邦快递公司客户服务部门的高级管理者职位。

作者：看过了你的主要工作经历，让人印象深刻。你能告诉我们最初是如何踏进客户服务行业的吗？

詹姆士·C.霍比：作为高级金融分析师，我在联邦快递工作了多年，我与他们的金融团队一起支持着客户服务部门的业务。在那段时间，为了了解管理，要求我们必须走出去，走到第一线的客户中间了解客户需求。因此，我在孟菲斯市（美国田纳西州城市名）担任了一年电话客户服务中心经理。从那儿开始，我开始走访美国和欧洲的客户，积累经验，最后升至欧洲－中东－非洲的客户总监。此后我去了美国运输公司担任副总裁及业务总监。离开美国运输公司后，我加入捷威集团，担任客户服务副总裁一职。在捷威我遇到了当时还是我们客户的赛科斯集团。7年前我选择加入了赛科斯。

作者：我们都不知道你在欧洲生活了这么长时间？

詹姆士·C.霍比：是的，总共8年时间。而现在在赛科斯，我还是会有一大半时间在飞机上度过。

作者：当你回顾这30多年的客户服务生涯，最大的体会是什么？

詹姆士·C.霍比：回顾过去这30年，我发现在电话客服领域所发生的重大改变都与科技息息相关。人力方面的因素基本保持不变，你仍然要雇佣、培训和激励员工。而随着科技的发展，客服电话开始出现人工答话和屏幕弹出功能，即保证每次呼叫能够分配给最合适的坐席去接听，便于服务人员更有针对性地解决客户提出的问题。

作者：虽然经过了过去30多年的变化，我想现在技术仍然是一个关键性推动因素。那么接下来会产生什么影响？

詹姆士·C.霍比：科技的影响已经开始发生并将持续下去，我们看到最明显的变化就是全世界对社交媒体的广泛使用。将来我们会看到更多类似脸谱网这样的社交媒体的出现，事实上，与客户的交流已经更多地从电话联系转移到社交媒体上了。

作者：真的吗？我们知道很多人认为社交媒体已经取代销售中的拜访电话。那在客户服务中，社交媒体扮演了怎样的角色呢？

詹姆士·C.霍比：恰好这里我有一个很典型的例子，最近因为一场暴风雪，A机场有很多航班被迫取消，这如果发生在10年前，人们会一窝蜂地打电话预订酒店，而相应的电话预订很有可能因为同时打进电话的人太多而占线。现在，机场附近的酒店营销人员发现了这一商机，他们登录到A机场的推特网站，向人们发布酒店预订信息及提供预订服务，这样被推迟了行程的旅客可以在网站上寻找心仪的旅店并及时预订，简单快捷。

如今，有的公司开始在网络上开设博客或用户论坛，以便在网络上即时为用户解决问题，你也会看到相关领域的权威专家被邀请来参加在线论坛，以便更好地为用户答疑解惑。这样的方式无需面对面，就能满足客户的需求。

作者：是的，人们可能甚至在与公司联系之前就已经知道这些博客或论坛了，可见其网络影响力。

詹姆士·C.霍比：是的，这是即时在线解答的。邮件答疑也是很多公司使用的方法，但即使公司规定所有的邮件必须在

24 小时之内予以回复，但有时客户需求紧急的话也未必能及时回复。与之相比，在线答复的优点显而易见。

作者：我们看到企业做出了这样的变化，它们的动力何在？所有都是以考虑降低成本为基础吗？

詹姆士·C. 霍比：我想这是公司在节约成本和解决问题两方面平衡的结果。绝大多数客户都会想在尽可能短的时间内有效解决问题。你为客户找到切实可行的解决方法的速度越快，客户对你的表现就会越满意，他对你的公司及你的忠诚度就越高。也就是说，在今天的竞争环境中，你所提供的任何服务都需要尽可能满足更低成本和更高效率的需求。

作者：我们之前讨论过一些有关服务人员向销售人员转型的话题。很多公司的政策已经开始促使服务人员参加到销售行列，为什么公司要这么做呢？

詹姆士·C. 霍比：这些年来我也一直在思考这个问题，现在公司的销售和市场人员与客户联系的电话一次次被拒绝，开发市场和潜在客户变得越来越困难，直接邮件联系的成本也越来越高，但是与客户服务中心联系的客户却在飞速增长，在这样的情形下，何不利用客户服务人员现有的客户资源？这对于销售或者追加销售来说都是一个值得尝试的方法。

发生在我们公司的案例是，在为客户提供服务时，我们发现很多都是与电脑相关的问题，如他们的电脑没有足够的内存，因为玩游戏想升级电脑配置，或者他们需要一个闪存驱动器等。其实这些都不是技术性问题，他们需要的是产品，是额外的电脑配件。这正是向他们推销产品的好时机。此时销售产品既能帮他们解决当前紧迫的问题，又能增加公司的产品销量，一举多得，何乐而不为呢？由此我们可以看出，销售的产品能够及时为客户解决问题是销量增长的重要因素。

这是我能想到的最为积极乐观的情形。就像你之前提到的美国航空公司，如果有人办理登机手续时，提出他们不想坐在后排或中间，他们需要一个更好的座位，这时就是一个绝妙的销售机会——只要他们愿意，可以加价升级舱位，这既为客户提供了便利，满足了他们的需求，也额外为公司创造了利润。

作者：你所说的能够为客户提供便利或附加服务，而在有的客户看来也许仅是公司变相多收取客户的费用，这两者之间有何不同呢？

詹姆士·C. 霍比：任何行为都要有一定的限度，如果过度为之可能会给客户带来相反的感受。通常公司对销售和服务代理的要求是，"这里共有 8 个额外服务项目，如果客户需要的话都可以出售给他们"。相信我们都有这样的经历，你刚刚购进了一个产品，它出了点小问题，你给客户服务中心打电话，咨询解决办法并表示了对新产品出现问题的不满，当然，这种时候任何人的口气都会比较严厉，客户服务人员在耐心解答完问题后，电话结束之时却问道："哦，顺便问一下，你对……感兴趣吗？"这样的言语此刻听上去会格外刺耳，它会让人产生强迫推销之感，当然不会让人有购买的欲望。因此，要理解客户的需求，适时提供客户有需要的产品。

作者：在你看来，从服务提供商转向销售的最佳时机是什么时候？

詹姆士·C. 霍比： 对于我来说，当客服代表从客户的电话中得知他需要相关产品的时候，就应该意识到这是销售的好时机了，因为该产品可以马上满足客户的需求。

作者： 这使得我们开始思考如何做到销售、市场和服务的完美结合。有没有那种情况出现——销售人员提供的产品与客户的需求不相符？

詹姆士·C. 霍比： 你知道，这是有可能的，尤其是当销售和市场人员没有做足够的市场分析或并不了解打电话进来的客户时，就有可能出现这种的情况。他们不了解产品，或哪些产品适合哪类客户，这样客户打电话来时他们就有可能提供错误的产品。

我们有一个专门进行数据分析的团队，他们负责监听客服电话，然后使用数据搜集的方法对其进行分析。从电话中他们得出的反馈结论是，有时候客户服务人员所提供的产品或服务完全不符合客户的需要。他们还对电话推销的有效性进行统计分析，结果发现公司进行电话推销的成功率几乎为零。客户既没有得到有效的产品信息，公司也没能成功将产品推销出去，弄得"两败俱伤"。

作者： 这是普遍现象吗？我们是不是会听到公司这样的言论："与需要员工对客户进行服务相比，我更需要这些员工来销售产品？"简单说就是，我们需要更多的回报赚回投资在员工身上的费用？

詹姆士·C. 霍比： 我不否认，大多数公司的服务部门被视为花钱的部门。在公司管理人员看来销售和市场才是为公司产生收入的部门，而服务部门经常被视作多余的。因此，服务、销售和市场人员将要从服务部门入手寻找产生收入的方式。

作者：那客户服务部门是整个公司的负担了？

詹姆士·C. 霍比：是的，看起来是这样的。但是客服部门有其存在的必要性，它是整个企业销售过程中极其重要的一环，也是客户衡量一个企业优秀与否的重要因素。当然，在客户服务人员销售的同时，也要做好自己的本职工作——为客户提供快速、专业、详细的咨询及解决方案，否则不仅不能吸引新的客户，反而适得其反。

作者：好的。让我们转向具体实施的环节，当他们转为销售角色与客户交流时，常会犯的错误是什么？我们所提到的这些不良习惯，他们会有哪些呢？

詹姆士·C. 霍比：我之前提到过，客户服务人员是问题的解决者，但是他们通常太专注和限制于他们自己的想法，有时他们仅仅是照本宣科，完全按照客服人员设计好的套路回答。销售人员在与客户打交道的过程中做得最多的事情就是推销产品，依据的也是公司准备好的产品宣传资料，这与客服人员的模式类似。当他们向客户解释和介绍公司产品的时候，往往遵循预先设计好的流程，甚至完全死记硬背产品说明书。你知道，客户有时需要很长时间才能消化这种填鸭式传达信息的方式，致使他们对于你的介绍毫无兴趣。他们更关心的是自己有关产品的疑惑和问题能否得到解决。而在此过程中，你却在与客户的交流中完全忽略了他们的诉求，只是一味将自己的观念强加于人，这只能起到相反的效果。

作者：那么对于那些在客服岗位上已经工作很长时间，对销售职位的压力有一定了解的人呢，如果现在被要求转向销售角色，他们的反应可能是什么？

詹姆士·C.霍比：当然，有些客户服务人员，他们很擅长也很享受现在的工作，当我们在他们面前提到"销售"二字，他们会表现出反感且极力否认："不，不，不，我不是销售人员，这不是我需要做的事情。"他们大多数人的心态是，将产品销售出去这件事与我无关。在这种情况下，你需要向他们解释这只是为客户解决问题的一部分，销售商品能让他们为客户提供更好的帮助。

作者：那些没有转型为销售的客服人员，他们有哪些技能和竞争优势？

詹姆士·C.霍比：较难转型的是那些对于事物总是喜欢进行理性分析的人。准确地说，就是他们的思维方式比较狭隘。而那些能够成功实现客服向销售转型的人几乎都有这样的特质：善解人意，能够洞察客户的兴趣，并表示出同样的关心和在乎。这不仅仅体现在能够解决客户打电话来时所反映的问题上。能够胜任销售职位的人通常善于倾听、对客户的需求和欲望能够迅速察觉、为彼此创造简单舒适的相处环境。如果在交谈过程中一个销售人员给客户增加了非必要的负担，不管是心理上的还是生理上的，那么你要警惕了，这样的销售往往会以失败告终。

作者：我们的观点是不去做某事比努力做成某事更简单易行。在从服务向销售的转型过程中，人们应该不去做什么？

詹姆士·C.霍比：我想他们不应该再像以前接听服务电话时那样被动帮助客户解决问题，这里需要他们主动地去与客户沟通，了解他们的需求，以达到销售的目的。

作者：对于从服务向销售转型的人来说，他们应该做些什么呢？

詹姆士·C.霍比：我想他们真的应该开始倾听客户话语背后的需求，而不仅仅是电话中客户倾诉的问题，通过倾听、思考来明确客户到底需要什么。

作者：一个优秀的客服人员在转型的过程中需要继续保持原工作中的哪些特质呢？

詹姆士·C.霍比：他们应该继续发扬他们对客户无微不至的关心态度。一个优秀的员工会很容易融入新的工作，因为他们很在乎是否能帮助人们解决了他们的问题。

作者：还有其他什么我们遗漏的吗，或在帮助人们从服务向销售转型方面你还有什么想法？

詹姆士·C.霍比：如果在前面提到的那些不良习惯里让我选择的话，确实有几个会让客服人员很难适应，如习惯12——拒绝道歉。销售过程中我们会为因为产品给客户造成的困扰道歉，当然销售人员没有任何过错，仅仅是表达出他们关心和在乎客户的使用体验，并愿意为产品本身原因带来的不良后果负责任的态度。但当你试着教会客服人员勇于表达道歉或是说"对不起"时，他们会回答："但是，我什么也没做错啊。"那么，请立刻放弃这样的想法，记住，学会示弱和道歉，这是很强大的武器。

迪安·布鲁斯——福特公司客户服务部门零售销售改进经理

曾经，福特和林肯两大汽车公司业务的 60%～70% 来自保修和召回工作。而如今，福特汽车的质量世界一流，保修业务大大下降，公司已经逆转趋势——60%～70% 的收入来自于零售业务，而非保修索赔。因此，服务部门不得不从服务向销售转型。迪安·布鲁斯帮助他们完成了转变。

从教生涯以及 22 年在福特汽车公司的工作经验使得迪安成为帮助福特公司转变的最好选择。迪安将与我们分享他的经验：福特是如何完成从服务向销售转型的。

作者： 首先能给我们介绍一下你的职业背景吗？

迪安·布鲁斯： 多年前，我从商业专业本科毕业，取得教师证书后一直从教多年。这段教育经历使我有幸进入福特汽车公司的培训部门。1989 年，我开始在福特公司工作，实际上我是从处理客户需求的客户服务开始，然后慢慢走上销售道路的。我主要做过两部分的工作：处理汽车销售、运输，以及产品订购和客户服务。此外，有 5 年时间我都是在与经销商打交道。

然后我来到了迪尔伯恩（美国城市），从经销商的角度培训员工如何提升零售销售技巧。现在我专门负责服务部门。在培训过程中，我们将市场战略定位为通过销售指标来衡量优秀的销售人员。我们的指标包括客户满意度、销售数量、销售总额，甚至是产品的市场占有率。然后我们走向一线，追踪销售人员的销售行为，了解他们到底是如何展开工作。我们用同样的标准来要求表现一般的销售人员，追踪他们的工作方式，给他们提供建议。缩小差距是我们最基本的使命，我们的目标就是让销售泛泛之辈成为销售精英人才。

作者： 在"后方"——服务部门，你看到了什么样的特点，不久的将来会有怎样的变化？

迪安·布鲁斯： 回顾过往的 5～7 年，福特和林肯汽车公司处理了很多的汽车维修工作。我们销售了大量汽车，在日渐庞大的汽车市场中我们依然占有很大的市场份额。尽管我们羞于承认，但事实是，我们的质量确实没有达到一流的水准。因此，当你销售了大量汽车后随之而来的就是一连串的保修和维修问题。公司将这些维修工作都交给销售商店处理。如果查看一下他们整个的交易收入，很有可能 70% 来自于维修费用，只有 30% 的收入来自于零售业务。

这里的零售业务指的是真正的汽车维护项目，如刹车、电池、轮胎等易损坏的零部件。大多数情况下服务提供商是能够转变为销售人员的，因为人们会打电话过来说，"我需要过来一趟，我的车出了点问题"，所以将保修、定期保养、维修、零售都整合进服务部门是完全可以实现的。事实上，现在已然是如此了。

5～7 年的时间我们发展得很快，在全球汽车市场上我们的质量也是一流的，与日本本田、丰田汽车公司的汽车质量不相上下甚至在它们之上，因此现在的销售商店没有过去那么多的保修和维修业务，现在的服务与操作模式也与过去大相径庭了。

作者：那么关于服务顾问自身呢？他们现在是或曾经是技术出身吗？

迪安·布鲁斯：我想是这样的，但不会是你想象的那么多。我觉得他们要么以前是技术出身，要么有客户服务的经验背景。

作者：我有两个问题。首先，现在服务顾问需要在销售、追加销售或交叉销售等问题上多投入一些精力吗？在他们销售的基础上有提成吗？换句话说，他们为销售所做的努力会获得奖赏或报酬吗？

迪安·布鲁斯：我相信会是这样的，是的。我想他们的角色已经真的转变了。5 年或 10 年之前考核他们的可能是客户投诉率，而现在却直接与销售数量相关了。公司通过各种形式的奖赏鼓励服务部门人员去完成销售的任务，这些奖励使得他们更有动力。例如，公司会奖励那些销售刹车、电池或轮胎产品的服务顾问，或按比例提成以提高他们的主观能动性。零售经销商更是如此。我想你会发现，10 个经销商中，8 个甚至 9 个会鼓励他们的客服顾问去推销产品。

作者：这些是从销售商角度看销售中的趋势，从客户的角度来看有何不同呢？他们在购买中有什么变化呢？

迪安·布鲁斯：我想对于客户来说，我们之间确实有一些障碍需要克服。一方面，在我们的汽车行业，客户往往对修理技术或原厂配件的要求较高。另一方面，与 10 年或 20 年前相比，今天的消费者有了更多的选择，因此我们的销售将会变得更加艰难。这些都是我们面临的巨大挑战。

作者：是的，服务人员向销售人员的转型，意味着曾经的专业服务提供商现在感觉到了销售的压力。在服务人员的参与下，一个资深销售和销售新手有何不同？

迪安·布鲁斯：我想一个资深销售最明显的优势在于他们很善于维护客户。研究表明，与公司其他业务部门相比，在客户心目中他们最看重的还是服务部门，因为他们的问题或需求需要服务部门的配合才能够及时有效地得到解决。资深销售能够恰到好处地为客户安排好一切，将客户置于掌控之中。所谓的"掌控"是指告知客户信息、准确把握客户需求并给他们提供多样化选择。从专业操作的层面看，对于客户来说，预约很重要，这样当客户带着他们的问题或需求过来的时候就不必再花费时间排队等候，这样也会给客户留下公司运作高效而不浪费时间的好印象。同时，销售人员又有充足的时间与客户进行有效交流。在本公司，我们通过独特的"多点检验报告卡"随时跟踪对客户的服务状况。例如，我们对每一位客户的车辆单独建档，每次进行维修时都会在各个环节进行多点检查，客户随时可以掌握车辆各个零部件的状况，这就有助于增强客户对我们的信任。在维修车间中，汽车上的所有系统和零部件技术人员都会用绿、黄、红色标记其目前使用的状况和损耗程度，然后技术人员还会对汽车做进一步的检查，如检测胎压、检查刹车等，技术人员会详细记录下汽车的每一个问题。在整个过程中，我们的客服顾问都会全程参与，以便了解汽车维修的每一个步骤和程序，有助于更好地为客户服务。

作者：现在，让我们看一些不良的行为习惯，如过度销售，在你看来这些习惯更容易发生在资深销售身上，还是销售新手或被动销售人员表现得更明显？

迪安·布鲁斯：如果一个销售人员工作了 10 年之后依然缺乏经验，那么即使他跟那些销售新手犯下同一个错误，那也将更加严重，更加不可原谅。一个专业的销售人员在传递完信息之后，不会将自己的意志强加于客户，他们会给予客户很大的选择空间，让客户自己做决定。这方面，对于销售新手来说，由于经验的缺乏，面对客户时难免会感到紧张局促，他们不懂得交流的技巧，通常直奔主题地开始介绍产品，而没有顾及客户的感受。因此，在我看来，过度销售可能是销售新手更易犯的错误。

作者：那么以貌取人——肤浅地从表面判断客户的倾向呢？这个习惯在资深销售与销售新手身上表现如何？

迪安·布鲁斯：我想这一问题应该不会在服务部门出现。如果要让我在资深销售和销售新手中间选择的话，这应该更像是资深销售容易犯的错误。他们认为自己已经阅人无数，过度相信自己对人的判断力。如果看到一个客户想要维修一辆使用了很长时间的汽车，资深销售可能会根据表面判断，认为该客户支付不起维修的费用，甚至都不会建议维修。

作者：那么关于过度使用不必要和无意义的口头用语呢？

迪安·布鲁斯：我想这可以分为两种情况，诸如"呃……""嗯……"之类的语气词是销售新手容易在交流时使用的；而对于资深销售来说，他们的无效习惯表达会是重复诸如"我老实跟你们说""你要绝对相信我"之类，其实这些更是画蛇添足、欲盖弥彰，反而会让客户怀疑他们是否在撒谎。

作者： 确实是的。另一个不良习惯是超越他人——总是想凌驾于我们的交流对象之上。这个习惯在资深销售与销售新手身上表现如何？

迪安·布鲁斯： 这也是资深销售容易犯的错误，不过我并不确定在服务向销售转型的人员身上是否一样普遍。同样，"饥饿营销"作为销售工具的不良习惯同样在资深销售身上更易发生。我们就经常听到资深销售向客户说，"你好，如果你不更换这些轮胎，在驾驶过程中轮胎很有可能会突然爆裂"。

作者： 人们总是热情洋溢地谈论着他们为了完成销售目标而付出的努力，那么不能一直保持工作热情和精力的不良习惯呢？

迪安·布鲁斯： 对于销售人员来说，每一个客户都很重要，都要认真对待。你必须付出同样的努力和热情去面对每一个客户。我想这个不良习惯还是常会在资深销售身上看到。他们已经接触过太多的客户，已经失去了作为一个初入门者的新鲜感和工作热情。当然，我不认为资深销售是故意这样做的，人的精力是有限的，而销售是一个如此耗费精力的职业，那些不从事销售工作的人员是无法体会的。

作者： 那么最后一个不良习惯呢，销售新手和资深销售，谁更容易将责任推卸给他人？

迪安·布鲁斯： 这更像是一个销售新手做的事情，尤其是在巨大的销售压力之下，他们就更容易出现这样的情况。因为在提供产品或服务的过程中，有很多变量参与，如零部件生产交由第三方、运输过程、经销商变动等。销售人员销售产品难免会出现问题或差错，而当问题出现时，销售新手手足无措下，将责任推卸给他人是最简单的方式。

你从中学到了什么?

- 服务向销售的转型，通常被认为是企业获得了救赎。

- 服务向销售转型的相关因素：技术和交流手段的革新；经济因素。

- 心态的力量：我们调整好心态随时接受失败了吗？

- 一个被迫进入销售行业的人士可能会沾染的不良习惯：频繁使用不必要的口头用语；过度销售；为失败找借口；拒绝道歉，将责任推卸给他人；过度推销。

现在你会做些什么?

- 与老板讨论服务向销售的转型，他对此的观点是什么？

- 心态的力量对你的工作有利还是有弊？

- 如果你身处销售行业而又并不喜欢销售职业，你会做什么来调整你的心态？

第 9 章　如何选择需要停止的
不良习惯

　　你所选择的行为改变是你付出大量的个人精力和努力后可以实现的，这不是你的老板、你的爱人或其他对你来说重要的人想要你做出的改变，而是你发自内心想要改变的行为。

再一次深呼吸……现在看完对这些不良习惯的论述,我们已经看到这些不良习惯在资深销售、销售新手、被迫进入销售行业的销售人员身上的表现,以及我们对如何克服这些不良习惯所做的努力。现在我们可以对要停止的不良习惯进行选择,即要为你的客户放弃哪些不良行为习惯。我们此前经常强调,你不那样做的话将会更有效率,但是有些事是你必须做的。

让我们花一些时间了解销售任务的本质以及在销售中的任务变化。

首先,先缩小一下范围。我们鼓励任何行为改变上的积极尝试,但是我们发现周围很少有人能够在减肥、戒烟或塑身成功的同时,又开始一份新的工作。现在的绝大多数人的生活要比以往任何时候都要忙碌,我们急于巴结客户、过于投入工作等,导致我们已经不堪重负了。

让我们借鉴"三合一模式"来将事情简化。在选择我们需要改变以及停止的不良行为习惯方面,我们可以首先试着挑出三个习惯。这样，接下来你所面临的第一个挑战就是将 16 个不良习惯压缩到 3 个。

信息和情感

从第 6 章的讨论中，我们发现你已经意识到了自身的一些不良习惯，甚至一些人能够正视并承认他们的不良习惯。在直面问题的基础上，如果你能更进一步，避免或改掉这些习惯，这将会使你与客户之间的交流更加有效。

我们打赌，尽管如此，人们更多注意的是这些不良习惯在他们身上的表现，而没有注意到同样的不良习惯一直在他们身上重复出现；或者不良习惯太多以致让他们很难选择从哪一个开始停止。

在我们帮助领导者确定该停止做什么以便维护与客户关系以及更好地站在客户的角度思考问题的过程中，我们发现这些不良习惯总是处于两个概念的保护伞之下：信息和情感。回看所有这 16 个不良习惯，你会发现它的执行者都有着严重的信息或情感的过载或欠缺。

信息或情感本身并非罪魁祸首，它们自身没有好坏之分，这里指的是人们在提供信息或情感的过程中，我们换位思考的能力如何。

让我们首先从信息的影响开始讨论。信息过剩导致了不良的行为习惯。客户本来已经准备好购买，且要结束此次的洽谈，而此时销售在做什么？他们仍然在给客户介绍那些在客户看来根本无效的信息，在这过程中，他们又频繁地使用了无意义的口头用语、总是高姿态地与客户交流、为失败找借口等，令客户更加反感。这就是信息过剩导致的恶性循环。

而信息不匹配的另一面是我们提供和搜集的信息量太少。以貌取人、选择性倾听以及过度推销都是因为获取信息量太少的典型案例。在交流过程中，销售人员总是急于求成，他们没有给予客户充分交流的机会，仅仅在听到客户的一些论述之后就迫不及待想要向客户推销产品。

很多人，尤其是我们的客户已经体会到了信息不匹配影响的痛苦。但是关于情感呢？它又是如何影响我们的？如果你回想在第6章中讨论过的其他不良习惯：无法一直保持热情、拒绝道歉、饥饿营销，甚至是过度热情——这些在与客户交流过程中情感上的不当表现也会导致我们的失败。

在客户身上投入的情感过少，你就会显得对他们缺乏兴趣、冷漠或者漠不关心。没有人愿意与那些对自己冷漠的人进行合作，更不用说会受到这个人的影响而做出购买决定。但是投入太多的情感，又会让客户觉得有压力，这时他是在压力的驱使下做出购买决定，而本身并没有强烈的购买欲望。如果在洽谈时你是迫于压力，或产品数量紧张，又或是不想辜负对方的一腔热情而购买，你会作何选择呢？我们猜想最大的可能是，你会据理力争或放弃购买，而这两种行为都对维持关系毫无益处。

一个好的切入点就是进行自我反省。当你在与他人沟通时遇到困难，想一想这是由于信息过剩还是信息缺乏引起的？哪一个更会使你出差错，信息还是情感？通常，人们凭直觉就能够知道他们在哪里犯了错误，一旦确定之后就开始专注去克服那个不良习惯吧。

搜 集 数 据

如果现在你已经知道并确定该停止的不良行为习惯以便让你与客户的交流更加有效，那么接下来我们要做的将是对你的判断进行验证。如果你仍然未能确定哪些不良习惯是你的致命弱点，那么在搜集数据上的一些窍门也正是你所需要的。以下四种方式可以帮助你搜集有关自身的信息，尤其是你给别人留下的印象。

随意的评论

当别人和你交谈的时候他们都用了哪些随意的评论？当他人谈起你或与你交谈的时候，他们会说什么？人作为社会性的动物，我们经常会关注他人的长相、穿着、言语，以及他人说话的方式及其交流的对象。

我们现在建议你做的就是有目的地观察。观察他人对你的评论；观察并且记住客户在和你交流时使用的语气，这会使你受益匪浅。我们相信，如果你变成一个熟练的观察者，那么你就会总结出他人谈话的模式。

将你听到的评论记录下来，然后将其分为积极的评论和消极的评论，无须写得太过复杂。只要你能从中看出他们对你的态度倾向。什么样的评论频繁出现？你能够从这些评论中发现什么规律？你从不同的人那里，在不同的场景中听到的评论是一样的吗？

每天甚至每一周都保持记录你所听到的评价，这就是你为该停止什么不良习惯的调查研究搜集有力数据的方式，直到发现某个不良习惯在你身上被频繁地提及，这样你就知道该停止的不良习惯是什么了。

静音键

我们知道生活中你有无数次想按下静音键。如果将生活看做一场正在播放的电影，有时候你甚至想按下快进键，这样就不用看到或经历那些痛苦的、不忍面对的的场景。实际上，人们有能力忽略他人的言语（我们中的一些人已经很擅长），仅仅关注非语言的交流，这样你才能有意识地集中精力观察他人的行为。

在我们的培训中，设计的一个活动是让参与者假装他们正在看一场无声电影。我们让他们注意电影中人物的肢体活动，如面部表情、眼神交流、人与人接触时如何建立和保持个人距离，以及其他人际交往过程中使人产生舒适与不适感的暗示。

最后，我们询问参与者的感受。他们都观察到了什么？在无声的环境中，人们相互接触时看上去是更舒服还是更别扭？在交流时人与人之间的距离更近还是更远了？别人是在寻找眼神交流还是故意避开他人的目光？这是在无声的环境下，你在观察他人时需要自己向自己提出的问题。

使用你个人的静音键，忽略或屏蔽周围人说话的声音，致力于全神贯注观察他人的行为，凭借对表情等肢体语言的判断，读懂他人话语背后隐藏的含义，从而能够进行更有效、更有意识的行为。组织发展理论创始人沃伦·本尼斯教授称其为"一流观察者"。

无论是因为你已经养成了这样的口头表达习惯或者其他的什么原因，如果你经常以类似这样的说法开始："我真的是这个意思"或者"我不是开玩笑的"，那么其背后的含义是什么呢？那可能意味着以往你所说的都不是真的、都是开玩笑，而仅仅这次是真的。而我们知道你并不是这个意思，但这样的言语会给你的客户带来交流和理解上的困扰。

有时候我们的言语反映了内心真实的感受，而另一些时候，我们会口是心非。这是人性的习惯：有时候是为了掩饰；有时候是为了突出自我的优势，掩饰弱点。我们想要你做的就是实现自我认知。通过自我认知，你就可以开始预先思考有效的行为：该说什么，不该说什么。

家庭作业

如果你在工作中的人际交往问题来自情感的不匹配，那我们可以断定，你在生活中也会遇到同样的问题。那些一遍又一遍向客户推销产品的人也很有可能从他们的爱人那里听到相似的答复："我知道了，我已经收到那条信息了，不要再说了。"

从对上百人的调查统计中我们证明了一个观点，即了解你的人提供的建议，会对你的行为习惯改变提供更大的帮助。因此我们建议：将你的不良习惯清单拿给你的丈夫、妻子或其他了解你的人看，让他们挑选出他们认为在你身上表现得最严重和最不严重的习惯。

你还可以挑选三个工作圈子以外的人来给你提供他们的意见看法，将他们的观点与你自己的猜测作对比，看看是否一致。这里我们借用的是第11章中我们将要讨论的前馈控制理论（指通过观察情况、收集整理信息、掌握规律、预测趋势，正确预计未来可能出现的问题，提前采取措施，为避免在未来不同发展阶段可能出现的问题而事先采取的措施）。在询问某人对你的看法的过程中，你被允许的反馈回答只能是"谢谢"，不能评判、反驳、讨论他人的意见，只能回答"谢谢"，并告诉他人，你非常感谢他们花时间帮助你指出错误。现在你要努力去做的就是搜集不良习惯信息，然后确定出你要改变的那一个。

选择要改变的不良行为习惯

此时，假设你已经完成了家庭作业。你已经完成了自我分析，也得到了周围人对你的指导意见，你应该已经将与客户交往过程中的不良习惯缩小范围了。接下来呢？是时候确定你要放弃的不良习惯了。

最后你选择了要摆脱的不良习惯，此时，有两个重要观念要牢记于心："因为"和"尽管"。

"因为" VS "尽管"

销售人员因为其成功的销售行为而得到公司的认可，根据他们的销售业绩公司会给予其物质和精神上的奖励，这样使得他们的收入与销售业绩紧紧挂钩。

这样的奖惩方式本身不是坏事。只要表现优秀、完成销售目标，就能够接受奖赏的方式是合情合理的。而人们几乎不会将奖赏与错误行为相联系。

尽管如此，我们错误地认为不管在销售中采取怎样的行为，只要能完成销售目标，公司就会给予奖励。这其实混淆了因果关系。假如我们利用此前提到的那些不良习惯，如以"饥饿营销"给客户制造压力这种非诚实的手段拿到订单，即使这次达到了目的，但这样的举动给后续的销售以及公司的形象带来的影响将是不可估量的。

让我们直面该问题，因为你的销售业绩和提成收入，你在他人眼中很成功、很专业，但这不是你继续使用这一不良习惯的理由。结果不是衡量一切的标准，在取得这个成果的过程中是否能与客户维持密切关系、是否能站在客户的角度考虑他们的实际需求，这才是你选择需要改掉的不良习惯的直接依据。

因此，一定不能混淆"因为"与"尽管"的关系。

能量法则

有些物理学领域的理论可以被借鉴并使用到我们的行为改变中来。很多年前，库尔特·卢因改变行为的成功理论被总结为"解冻""试验""再冻结"。该理论指出，我们似乎被某种行为模式冻结。在物理学领域，如果我们要改变一大块冰块的形状，首先我们需要对其解冻，再将它放进另一种形状的容器模板中，进行冰冻。同样，如果我们想要创造一个不同的行为模式，也可以借鉴这样的理论。让我们看看通过这种类比我们能学到什么。

将固态的水转变成液态，我们需要做什么？很简单，加热。在物理科学上，我们知道需要耗费一定的热量来使水分子的活动加速，使固态水转变成液态水。那么我们如何能产生热量呢？这就需要消耗能量。

我们往往需要花费很大的能量来"解冻"固体状态的水，使其从固态变为液态。我们的行为改变也是一样的道理，即改变需要消耗能量。想要"解冻"我们的行为，想要停止做以前我们在和他人交往时无意识的依赖性的行为，我们同样需要消耗大量的能量。

在此我们想要提醒你的是，你所选择的行为改变是你付出大量的个人精力和努力后可以实现的，这不是你的老板、你的爱人或其他对你来说重要的人想要你做出的改变，而是你发自内心想要改变的行为。你为之付出的努力是积极主动而非被动的，这样你就拥有了改变的巨大能量。

我们之前提到过，我们三个作者在行为科学管理领域的经验非常丰富，从业时间加起来超过 100 年，同时我们的婚姻生活时间加起来也超过了 100 年。通过如此长时间的切身体会和科学统计的分析，我们可以得出结论，人们重大的行为改变很少是因为配偶或其他重要他人想要他们改变，它真正的动力来自于个人本身的强烈意愿。

参考附录 B 可获取更多相关资源

踏上改变之旅

通过以观察和理解身边的任务为起点，对于你或其他人如何看待生活和工作中的你，你已经变成了一个一流的观察者。最后确定需要摆脱的不良习惯。

那么就开始踏上改变的旅程吧！

你从中学到了什么?

- 缩小范围。

- 信息 vs 情感。

- 随意的评论——自己及他人对你的评论。

- 工作与生活中的"静音键"。

现在你会做些什么?

- 选择一个习惯，努力摆脱该习惯直到它不会影响到任何人。在附录 B 中记录你选择放弃的习惯。

- 告诉那些对你重要的人你选择要改变的不良习惯，以便他们监督你的行动。

- 准备好踏上改变的旅程。

What Got
You Here Won't Get
You There

IN SALES

第 3 篇

如何踏上成功的旅程

在本篇，你将得知成功销售人员实现改变的必经过程，以及接受如何走向成功的指导。

◎ 深度挖掘"成功的错觉"以便更好地审视自身，并理解成功人士改变规则为何与众不同。

◎ 学习并深入理解"自我挑选"的概念，以及成功人士实现改变的动因。

◎ 在实现改变的过程中需要他人的参与，他人提供的意见建议有助于你成功实现改变。

◎ 掌握前馈的艺术，它将为改变提供积极的建议。

◎ 理解和建立一种跟踪机制，确保积极的行为改变能够持续进行。

第 10 章　成功人士的改变规则与众不同

　　如果你知道什么对你来说重要，想要改变就相对容易。如果你不能确定你在乎的是什么，当威胁或机遇出现的时候你也就不会察觉。当人们真正重视的东西受到威胁时，他们就会想要改变他们的行为方式，这就是自然法则！

首先，让我们澄清：本书的潜在读者不是那些遇到麻烦的、处于失败之中或者状况不佳的销售人员。本书的核心内容涉及的是成功销售所需要的变革，而这是因人而异的，对于成功人士来说，改变的规则与众不同。如果你是刚刚入职的销售人员，目前迫切需要熟悉的是公司产品的基本知识和经营运作流程，人与人交流接触的技巧还不是你们需要考虑的重点；另外，如果在整个团队中你的销售业绩不是很理想，甚至有丢掉这份工作的危险，这样的压力将会迫使你尝试使用新的方法来提高成绩以挽回工作。在此，我们所论述的对于获得成功而需要的改变就完全不适用于这些人群。

我们的重点将放在帮助那些资深的销售人员变得更好，不管你在整个销售团队中是独占鳌头还是表现一般，只要你不是"得过且过"的人，内心有更上一层楼的意愿，我们都将为你提供帮助。从物理状态的转化理论得知，对于任何人来说改变都需要付出很大精力。我们20余年的教导经验也告诉我们，并不是每一个人都能够持续的付出，实现改变。

你也许会问，我们能够预先确定那些表现优秀、且有潜力能够变得更好的候选人吗？我们的回答是："是的，我们可以。"所有阅读本书的读者都很聪明，都受过良好的教育，有趣的是，能否实现改变与智商无关，与个人的个性品格也没有太大关系。这些年来我们与各种类型的人共事过。我们发现：内向的人比外向的人更懂得倾听，但是外向的人可能更善于交流；有些人自控能力较强，而另一些人在约束自己行为方面做得不够好。了解每个人的个性特征很有必要，但是对于我们选择哪些是能够实现个人改变的候选人来说，没有一种个性特征能够占优势。

导致差距存在的原因

我们发现，人们在行为改变上会存在个体差异。每个个体都会遇到个人发展的问题，也很积极主动地想要去改变。首先，让我们看看个人发展的问题。在本书的写作过程中，我们有幸采访了多位销售经理。我们问的一个问题是"是什么因素导致销售人员一直业绩平平"？得到了很多不同的答案，如缺乏与客户换位思考的能力，总是问一些不适宜的问题，没有专注倾听客户的诉说等。我们发现本书总结的 16 条不良人际交往习惯完全能够覆盖他们的回答。当我们问到"如果将我们的发现告知销售人员，一般的销售代表会作何反应"？这次的答案只有一个："他们仍会坚持现在的销售方式。"

对于低迷的销售表现，销售人员总会找出种种借口和解释，首先向你讲述他们此前很多的成功案例，接着他们会说："我们今天特别不顺，刚好赶上了……""那是个意外""我平常不是经常这样的……"等。

又或者他们会冠冕堂皇地找出一大堆理由为他们的表现辩解："因为我对客户已经进行深入了解……这个市场竞争的激烈程度超出想象……因为这次的预算太紧张——我不得不这样做。"甚至我们还能听到这种荒谬的解释："不是我的错，是客户，谁让他们一直在挑战我的耐心极限。"在所有这些例子中，我们看到最根本的原因在于这些销售代表没有从自身角度找原因，没有正视自己的问题，而是一味地找借口、找理由来为自己开脱，当这些都不起作用的时候，他们干脆就将责任推卸给他人。

改变意味着：
对现状的不满＞抗拒改变的心理

我们发现，每当对现状的不满累积到一定程度的时候改变就会发生。有人曾经开玩笑地问："你能教会一只老狗新技能吗？"我打赌说可以，并且做到了。生活中我们也有类似的例子，人们即使在他们职业生涯的后期也能产生巨大的改变，因此改变与年龄无关。此前也提到过，改变也与个性或智商无关。对于成功人士来说，改变的第一步就是承认且正视问题的存在，承认这个问题不是客户、市场甚至产品原因造成的，而是出自你本身。

其次，你必须发自内心真的想要改变。为了唤起改变的能量，你需要强烈的刺激来实现改变，这种激励经常来自于某些可以预知的不满或其他负面感受。我们的一个海外会员曾经说："被刺激是件好事，唯有痛苦才会让你真正行动。"

想想那些正努力戒烟的人，这会让你理解一个人为什么在改变的过程中总是容易放弃。抽烟的习惯对于人们的健康来说是非常可怕的行为，克制它有一个非常简单易行的方式——停止抽烟。不要买烟、借烟或者把烟放进你的嘴里，简单来说就是两个字——"停止"。但是任何曾经尝试戒过烟的人都深有感触，说起来容易做起来难。我们对于现状的不满必须比我们内心拒绝改变或认为改变将不会发生的想法强烈得多，改变才会真正实现。

这对于那些在工作中一直都很顺利的销售人员来说非常艰难。他们相信自己，这项工作本身也要求他们完全自信。他们没有对目前工作的进展感到不满，他们相信自己有绝对的天赋和能力来赢得这场销售比赛，并且继续成功下去。我们把这种想法叫做"成功的错觉"。在这样的错觉下，他们会高估自身的能力和贡献，总是拿以往的成功自欺欺人，而忽略了自身的缺点。销售人员的以下四种主要信念导致了这种错觉的产生，而这四种信念在所有销售人员中都非常普遍。

- 我已经成功
- 我能够成功

- 我将会成功
- 我选择成功

我已经 / 我能够 / 我将会 / 我选择

"以前我一直是成功的"，这种观点在成功销售人员身上根深蒂固，他们普遍对自己的销售技巧和能力相当自信，你会听到他们到处描述自己的光辉业绩，而对他们的惨败经历，或令人痛心疾首的损失则只字不提或轻描淡写。你所听到的一定是他们打败一个个竞争对手、征服客户的精彩故事，以及他们成功克服重重困难的不懈努力。他们在对过去成功事迹的种种回忆中，总是会无意识地放大自身优势、过滤掉缺陷。

在销售的世界中我们总是会放大成功的例子，成功者受到瞩目，高层管理人员会写邮件表扬成功的销售人员，甚至予以物质的奖励。我们将成功的奖章悬挂于墙壁之上，以便办公室所有的人都能看到，表扬信也放在一个特殊的文件夹里以便我们能够经常拿出来阅读。所有的这些更加强化了销售人员必胜的信念——"我能够成功"。而业绩平平的销售人员什么都没有。这也就是我们总是只会记住成功者的原因，他们因成绩一直存在而其他人总是会被遗忘。

"过去我们已经成功了，接下来我们还会一直成功下去。"这样的信念坚如磐石，不可动摇。"我们已经成功了"的想法，以及对我们能力的高估很难帮助我们产生改变的动机。

你是不是在想："这不会发生在我身上，我是很客观的？"令人庆幸的是，与其他人相比，销售人员不会高估自己的贡献；而坏消息是，他们仍然会高估他们自己的能力。我们曾对全世界超过5万名参与者做过调查，我们的问题是："与同样专业的人士相比，你如何评价你的工作表现？"结果我们发现，80%的人将自己排在同行业中的前20%，而50%的人更将他们排在同行业中的前10%。总体看来，人们对自己的评价都相当高。

有一些专业的从业人员，如内科医生、飞行员及法律从业者，他们对自己的排名更高，90%的人都将自己排在本行业的前10%。相对而言，销售人员和专业运动员，他们对自己的评价相对低调和准确：只有30%的人将自己定位在自身行业的前10%。这两种职业的从业人员有着同样的特质，他们都有始终如一的坚持和对自我表现的客观衡量。

专业运动员在他们的专业领域都有分数和数据统计来衡量他们的表现。专业的高尔夫球员知道他们打了多少杆球；职业的网球选手会统计直接得分、非受迫性失误以及上网的次数。与这些"单打独斗"的运动员相比，团体运动中运动员的数据统计方式更加复杂详细：如果你是洛杉矶湖人队的前锋，你的统计数据不仅要与自己以往的数据相比，你的篮板球、罚球数、助攻数还要与其他球队的前锋横向比较。而专业的销售人员也有自己的数据统计方式来衡量自己的表现。

最后一个信念"我选择成功"。其他行业的从业人员的自主选择权并不强烈，与之不同的是，成功的销售人员相信他们正在做的工作完全是自己个人的选择，他们非常需要自我决定。他们喜欢以他们自己的方式做事，讨厌被告知要做什么，更讨厌被告知该怎样做。何时开始一天的工作，如何规划时间，如何安排客户的电话，以及如何让我们的演说满足特殊客户的需求等，这些通常都由他们自己决定。

如同所有重要的人生选择，"选择成功"是我们走上成功之路的一个积极、主要的部分。"选择成功"几乎与任何领域的成就息息相关，当工作变得艰难之时，它是我们继续坚持下去的动力。当人们相信他们的成功是自己选择的结果时，"选择"改变就不容易了。我们享受的成功越多，我们就越是相信自己的坚持，越是相信我们的行为是自我选择的结果，我们决定改变就越加困难。

理解自然法则

我们意识到那些不良习惯会成为将来发展的障碍，需要进行改变。但如何知道是什么将推动我们执行改变，而不是空表决心呢？让我们来看一看自然法则。

在我们的培训实践中，我们已经意识到，其实我们改变不了任何人。从我们帮助他人变得更成功的经验中，我们只观察到了人们改变的唯一原因：他们遵守了自然法则，即人们只会去做他们感兴趣，或他们认为有价值的事情，包括改变他们的行为。

我们可以看出，人们只会做那些符合自己利益的事情，这一点控制了每一个人的选择和决定。我们不禁要问：那为什么一个优秀的销售人员会牺牲自己的利益来帮助整个销售团队？也许是因为他能从中得到其他一些好处，如来自同行或同事的尊重和崇拜。为什么有人会拒绝一份高薪的工作邀请？也许是因为他觉得再多的金钱也不值得为此付出，他很享受和现在的团队一起共事的感觉，挣更多的钱也不会让他觉得幸福。

自然法则就是人们放弃高薪工作去做自己喜欢的事情的原因。我们的一位客户曾经是一位高级销售执行官，后来他放弃了这份工作加入了一个非营利性机构。为了挽留他，公司承诺给予他更好的待遇，但他的回答是："这与金钱无关，那是我此生最想从事的事业。"

此前我们已经讨论过，成功的销售人员几乎没有理由改变他现在的行为方式，因为该方式已经给他们带来了认可和一定意义上的成就。为什么不沿着原来的道路继续往下走呢？

其实在自然法则面前，绝大多数人都是可以改变的。每个人都有一个可以被推动的敏感点，那就是利己主义，但每个人的程度不同。现在是时候深呼吸来看看你的另一面。销售是一份很艰难且充满竞争的职业，它既有压力又充满了乐趣。为什么你会从事销售？是什么让你日复一日地坚持着？

如果继续探究那些让你冒险决定改变现在的职业或做事方式的动机，通常我们发现有以下四个主导因素：金钱、权利、地位和关系。这些就是人们希望通过改变所能得到的。人们总是在自我利益的引导之下行事，让我们依次分析这四个因素。

金钱

对于销售人员来说，金钱可能是最普遍的外在动力，大多数人都相信金钱的推动力——但也仅仅是在一定程度上。大多数销售人员的奖惩制度都是根据业绩来决定的，销售表现越优秀，收入和奖金越多。但是这是主要的推动因素吗？参考自然法则它又是如何运作的呢？

美国心理学家亚伯拉罕·马斯洛的需求层次理论指出，行为的激励因素可以用金字塔模型来做类比，最底端是满足温饱等最基本的需求，如果该需求没有得到满足，你的工作就是为了解决温饱，此时此刻你只有满足了温饱才会对其他事情提起兴趣。一旦温饱得到满足，它们就不再能够激励你的行为了。

随着低水平的需求得到满足，接下来你就要开始满足安全需要、社会需要以及获得认可和成就的需要。在一些低水平的需求上，金钱是一个强大的刺激，在满足这些需求的过程中，它们可以用来衡量一般水平和高水平的销售人员之间的优劣。但是金钱对我们所有人都会有激励作用吗？这种激励能持续多久呢？

几年前，我们曾与一家医药设备公司合作，我们发现即使是一般的销售人员，收入都很丰厚，而表现优秀的销售人员收入则更多。我们对公司的一个销售经理进行了采访，令我们惊讶的是，他目前情绪很是低落。即使是在他们这么一个高收入群体中，保持工作热情都成了很大的问题。

他解释说："在我们的销售团队中，每个人都有不菲的收入。当他开始加入这个团队的时候，充满斗志，以能在这里工作为荣。而几年之后，那种初入行的新鲜感消失了，在工作上他们都很得心应手，收入也不再是他们在乎的问题，反而觉得没有工作动力了。"

我们都已经看到了，当人们目前的收入远比他们曾经梦想的多得多时，额外的 10 000 美元在他们看来也许都不算什么了，这时的金钱因素已经不再是他们行为的动力。那么什么才是呢？

权利

在公司里，拥有权利的人通常能够得到更大的自由，这是一个很大的激励因素。你是否为每天在城市中开车不断寻找车位而感到烦躁，你是否已经厌倦了与同样的人交谈，你是否需要自己处理自己的行政工作？作为销售人员，每一个来找你的人都带着需求或者抱怨：市场人员需要这个，会计人员需要那个，客户那里还有需求……你已经被这些折磨得筋疲力尽。

销售人员确实有奖金收入，但这都是你的辛苦付出换来的。概括来说，有些人花大量的精力、绞尽脑汁，甚至牺牲个人利益就是为了获得职位的晋升，而有时这样的晋升获得的报酬可能还不如以前。但是在这里，选择从事管理不是为了金钱，而是权利。这是能够激励你的因素吗？权利本身不会带来积极或消极的影响——只有在每一个个人身上产生的激励作用才是重要的。

地位

地位与权利紧密相连，但是地位并不总是需要通过晋升来获得。实际上，也有人对管理并不感兴趣。但他们非常在乎地位。

自己是否得到了公司和同事的认可？在被介绍给他人时要如何介绍自己？很多公司都有一个"销售精英团队"，他们有着特殊的地位。他们已经得到了也需要得到那些象征地位的标志：公司配备的高级汽车、公司名片上的高级称呼、奖励旅游等。

我们采访过的一位销售人员是在强生开始他的销售生涯的。那时业界有一个代表着销售无上荣誉和成就的独特俱乐部——"指环俱乐部"。它是基于累计销售业绩而授予卓越销售人员的一个独特的金指环，但是需要实现的销售数字如此巨大几乎不可能在一年内完成。那位强生的销售人员多年后再一次参加了俱乐部的聚会，参加的人很多都是当年在强生从事销售的老员工。他们中很多人的成就已经今非昔比：有的自己创业，当起了老板；还有很多是大型跨国公司的负责人。多年之后，他们还戴着当年授予的金指环来参加聚会。从这个很小的细节我们可以看出，金指环是他们被认可和地位的标志，是荣誉的象征，他们为此深深感到自豪。

关系

作为行动的另一个推动因素，人际关系不只代表着你在众人中是否受欢迎。的确，我们每个人都想尽可能地被他人喜欢和认可，然而人际关系的内涵远不止如此。所有人都不会愿意终身在一个孤独的环境下工作，人是社会性动物，他们想要作为团队的一部分参与工作。人们之间的友好关系是一个强大的动力。

我们也对退休的销售经理进行了采访。其中，我们问的一个问题是："在你的职业生涯中最引以为傲的是什么？"这些人经历了商场上的风风雨雨，如企业的合并、收购和新产品的革新等。然而令人惊讶的是，他们的普遍回答是自己良好的人际关系最让他们感到自豪。

如果你知道什么对你来说重要，想要改变就相对容易。如果你不能确定你在乎的是什么，当威胁或机遇出现的时候你也就不会察觉。当人们真正重视的东西受到威胁时，他们就会想要改变他们的行为方式，这就是自然法则！花时间思考一下什么因素可能对你的改变有激励作用。花时间总结一下那些会帮助你停止不良习惯的推动力，思考的同时千万别忘了自然法则！

现在你知道了作为一个成功的销售人员，想要努力提高需要面临的独特挑战。接下来，我们将为你讲述三个能让你更积极有效进行改变的步骤。

你从中学到了什么？

- 自我选择的改变和自我选择的评估。

- 改变意味着：对现状的不满 > 抗拒改变的心理。

- "成功的错觉"：我拥有成功、我能够成功、我将会成功、我选择成功。

- 了解自然法则：金钱、权利、地位、关系。

现在你会做些什么？

- 准备好改变。问问你自己，我真的想要改变吗？

- 评估你的动机。为了改变，你追求的回报是什么？

- 在脑中列出在改变中你想要付出的努力。

第 **10** 章

成功人士的改变规则与众不同

第11章 寻求帮助 获得想法 取得成功

> 邀请他人与你一起开始改变的旅程，把改变从一个一直盘旋在你脑海中的想法真正落实到行动上，也便于他人提供帮助和监督。有他人帮助的好处是：他人的监督、不让他人失望的想法以及想与他人分享成功的喜悦会成为你坚持不懈的动力。

借鉴此前的工作经验，我们想说的是，对于一个成功的销售人员来说，想要实现可衡量的、积极的行为改变，有以下三个步骤可供遵循。

- 寻求帮助。你很难独自完成行为上的改变，利益相关者能够帮助你克服成功的错觉。

- 获得想法。实践我们所谓的"前馈"，展望未来而不是沉浸在过去是很有必要的。

- 持续跟踪。你必须有一个跟踪过程确保你能够持续不断地努力。

作为本章的开始，让我们首先讨论为了实现改变所需的帮助意味着什么，以及需要付出的代价。

寻求帮助：寻找利益相关者

行为上的改变不是你能够轻易独自实现的。它至少需要两个人参与其中：一个人改变，一个人监督。这种改变个人认知的行为需要他人的参与：帮助我们制订改变的计划；为改进的具体细节提供建议。

这个步骤需要你与他人进行交流沟通，你必须告知他人你计划做哪方面的改变。而这一点是一些人（实际上是很多人）拒绝做的。他们会问："为什么我要去告诉每一个人我打算做什么？要是改变不成功，这会让人很尴尬。"

改变观念

心理学上有一个概念叫做"认知失调"。我们总是以一种先入为主的习惯方式看待他人（可以是积极的或消极的）。如果你被看做是那种选择性倾听的人，那么无论你做什么，与你谈话的人总会带有这样的印象。即使你全身心投入与他人交谈、认真倾听，想用自己的实际行动来为自己澄清，但别人看待你的方式已经先入为主，他们只会认为这是你固有行为的一个例外。对他们来说，无论你如何努力，你仍然是一个选择性倾听者。如此发展下去，别人看到你的进步几乎是不可能的。正因为人类行为中存在着"认知失调"，你就要付出100%的努力来换取他人10%的肯定。

广而告之

尽管如此，我们仍然有胜算。如果你告诉人们你正试着改变，并且对你想要提升的领域非常明确和坚定。那么现在你做的努力就会处于他人的监督之下。当你的公司推出一项新产品，你们会做广告进行推广吗？当然。你需要向广大购买人群传递这样的信息："大家好，我们已经推出新产品，我想你们一定会喜欢我们的新产品。"公司会计划整套的市场推广活动来宣传新产品，大到各大商场或大型门店，小到街边经营的零售店都会有新产品推出的广告宣传。同理，这也是你需要做的——广告，广而告之，告诉人们你想要做出的改变，这样人们便会关注你的改变。

如果这还不够的话，此前我们提到过"多次触控营销"的概念。我们知道要在大众中创造对产品的认知意识、兴趣以及购买欲望，需要多次的接触，这对于你的改变计划同样适用。你要做好心理准备，也许那些了解你的人会说："我认为这种改变对你来说是不必要的。"事实上这也是可以理解的，不管你选择改变何种行为，总会有人——不管是喜欢你的客户还是认识很长时间的同行，会认为这并不是对你来说迫切需要提升的领域。

对此你一定不会愿意这样反驳他们，"你错了——我确实需要改进"，或者你更不想他们会有这样的想法，"原来我以为苏珊在工作中表现得很好，已经非常有效率了，但是我一定是弄错了，我想可能她真的有一些问题"。而你的回答应该是："我并不是说现在的我很糟糕，我只是想做得更好。作为个人发展计划的一部分，这些是我想要提高和改进的地方。"我们已经对这些回答进行了上百次研究，如果你这样回答的话，他们最有可能的反馈是："现在苏珊的表现一如既往得好，她仍然在努力提高，我们尊重并佩服她的上进心。"那正是你想要的回答，你认为呢？

第一步是将一个全新的你推销出去。记住，在这里你做的不是一次性买卖。你正努力做到的是一个持续的改变，是一个长期的活动。不要指望在你传达了一次或两次这样的信息后人们就会接受。广告需要一遍又一遍地重复宣传就是因为人们不会像你一样那么注意和关心你的产品，每个人都有自己需要投注精力的方面，所以就像电视上的广告，你必须不断重复你要表达的信息才能让大众记住，事实上不断重复之后，他们也确实记住了。

利益相关人员——谁 / 什么 / 怎样

当人们开始思考从他人那里获得帮助时，随之而来的三个问题是：我应该寻求谁的帮助？我想让他们做什么？我怎样接受这些帮助？让我们来一个一个解决。

我应该寻求谁的帮助？

在接下来几段中我们将进行解答，我们将从一个快速可行的候选人名单开始，这也许会对你更有帮助。

工作中的好友可以排在名单的最前面。谁不会与你产生竞争？谁的业务或客户与你没有冲突？谁真正关注你的利益？这些问题的答案也许就是你的最优选择。

在列出可能的候选人时，请记住，他们可以是同行、直接下属、长期客户，甚至是得到你尊重的竞争对手。最基本的要求是，他们与你有过适当的共同经历：如果一起的经历太多，他们的"认知失调"可能会制造障碍；如果经历太少，他们对你缺乏足够的了解，就不能有效地帮助和监督你。

候选人的能力相当重要，这主要表现在他们能够放下过去，不计前嫌，有什么问题直言相告，积极地支持你。最后一个资格条件或许比你意识到的要重要：他们自己挑选行为习惯来改进的能力（这会使得他们更关注彼此的进步而不是对对方的判断）。

思考应该向谁寻求帮助的另一个方式关乎他们能否为你扮演三个基础角色：

● **智囊军师**。你的智囊军师是可以从外部角度看待你的人。帮助者的工作就是观察并提供建议，他人比自己更容易看清自己。所谓"旁观者清"，他人看待我们的角度有时会更加清晰准确。

● **在线支持**。与电脑制造商的在线技术支持重视技术而非服务不同的是，你的在线支持更加需要服务的功能。你需要一个能够为你的成功随时提供新鲜观点的支持线路。

● **责任保证**。利益相关者扮演的是责任保证的角色，他们需要保证你的行为始终处于正轨上，保证你的谈话、行动都是在通向成功的改进，而不会偏离正常的轨道。

关于你应该向谁寻求帮助，以下三点尤其值得注意：

- 对帮助着来说与你联系接触是一件很享受的事；
- 对你的生活他们真正充满了兴趣；
- 你不能有自己的判断。

邀请他人与你一起开始改变的旅程，将改变从一个一直盘旋在你脑海中的想法真正落实到行动上，也便于他人提供帮助和监督。有他人帮助的好处是，他人的监督、不让他人失望的想法以及想与他人分享成功的喜悦会成为你坚持不懈的动力。

我想要他们做些什么？

在帮助成功人士改变方面，核心因素是自我选择的改变——由你自己挑选改变的内容以及监督人。一旦你选择了需要改进提高的方面，以下三个重要观点会让你慎重选择监督人。

- **目前表现的反馈**。在你选择的要停止做的不良行为习惯上，他的反馈如何？
- **"前馈"观点**。在摆脱不良习惯上他能够提供的建议是什么（这一章接下来我将要介绍一些非常具体的指导）。
- **监督指导**。帮助者对你的行为表现进行监督指导。

这三部分是你对利益相关者的要求。"利益相关者"，通过字面意思我们可以看出，这是一个与你有相关利益的人，你们要对所涉及的事件共同承担责任或风险。然而，在你改变行为活动中的利益相关者，他们的任务仅仅是帮助你在与自身的斗争中取得胜利，他们需要为你的失败承担风险，除了看到你实现成功的行为改变，他们别无其他可得。

我怎样接受帮助？

在他人的辅助和帮助下，接下来你要怎样落实行动呢？在你更好地换位思考和摒弃不良习惯的努力中，"怎样去做"相对来说简单。但是记住，简单但并不容易。

一旦你选定了你的监督人，尽可能简洁地告诉他们你的目标以及希望摆脱的不良习惯。

带着这三个需求：反馈、前馈和监督指导，你来到监督人面前。

反馈是其中最简单的一个需求：每隔一段时间监督人都需要与你沟通，将这段时间对你行为改变的观察结果反馈与你，并提出他们改进的意见。

最后，一定要让监督者知道，在接受反馈意见上你一定会做到：积极地聆听，没有打断，允许他们表达自己的观点，没有个人的评判、解释和辩护，并且，你还会对他们的付出表示衷心的感谢。

此刻，将书放下，好好思索一番。现在你很清楚你想要摆脱的不良习惯；对于利益相关者的选择和期望你也有了自己的标准。翻到附录 C，花几分钟时间写下你认为符合条件的候选人名单。

参考附录 C 可获取更多相关资源

第 **11** 章 寻求帮助 获得想法 取得成功

获取想法：实践前馈

对于如何询问以及接受反馈，我们提供了一些简单的指导。每个人都会认为反馈是成长和改变过程中不可缺少的组成部分，首先，我们需要对过去的自己有一个清晰的认识，以便比较前后行为的变化。通过利益相关者在整个过程中不断给予你反馈意见，你可以清晰全面地看到自己行为变化的动态图像。但是反馈也存在问题和限制：他人给予的反馈通常是已经发生的事情。每次你询问监督者你的表现和进展如何时，你接收到的信息都是关于你之前已经做过的、过去已经发生的行为的反馈。当谈及改变行为，我们认为更值得关注的是你现在的行为。

前馈过程

多年来我们一直让参与者做"前馈"练习。在定义上，前馈是观察现状、收集整理信息、掌握规律、预测趋势，正确预计未来可能出现的问题，提前采取措施，将可能发生的偏差消除在萌芽状态中的一种行为。前馈是对现在所发生事情的观察，此刻你就可以学习掌握这个能力。

在该练习中，我们要求参与者扮演两个类似的角色。在第一个角色中，你需要提供前馈，通过观察别人目前的状况，给予他人未来发展的建议。在第二个角色中，你需要为了自己未来的发展，征求与接受他人的意见。活动通常持续 15 分钟，大多数参与者都需要 6 ～ 7 个简短的谈话才能完成练习。在这个过程中，参与者被要求做以下事情。

- 挑选一个想要改变的行为。

- 与另一个人组成搭档，此刻简洁地向搭档描述想要改变的行为，如"我在与客户交往中不想再使用'饥饿营销'来促进销售了，我不想让他们在压力下购买"。

- 要求前馈：寻求两个对改变产生积极影响的建议。

- 积极倾听，然后记录下每一条建议的要点。在聆听他人建议时不允许有评论，这就是我们所谓的"7 秒钟沉默"。

- 对他人的建议表示感谢。

- 询问他人想要改变的行为习惯是什么。

- 向他人提供前馈意见，该建议旨在帮助他人做出积极的行为改变。

- 当他人为你给出的建议表达感谢时说"不客气"。给予和接受前馈的整个过程最多不超过 3 分钟。

- 再找一个搭档不断地进行重复练习。

这就是整个练习所要做的事情：给予和接受建议、倾听、表达感谢，以及在很短的时间里获得尽可能多的建议。

你可以与尽量多的人一起做这个练习，不要觉得你只能和那些通过工作关系认识的人一起参加这个游戏，也不一定只有在教室或工作场合才能去做。你可以从朋友、亲戚、邻居甚至飞机上坐在你身边、刚刚认识不久的人那里得到有创意的想法。

根据我们的经验，每一场练习中，大多数人将会得到来自他人的 15 条建议，在练习的最后我们让所有参与者浏览一下他们接受的建议清单，然后回答以下问题：

- 你得到了一个你自己完全没有想到的建议吗？

- 有没有哪些建议听上去很有吸引力，让你都迫不及待想要尝试了？

通常，超过 85% 的人都给予肯定的回答。在很短的时间内，几乎所有的前馈参与者都得到了他们认为对自己来说很有价值的建议。练习结束后，我们要求参与者用一个词语来形容或描述这个活动，或者让他们完成句子"这个前馈练习是……"。我们通常得到的回答是"非常棒""有趣""简单""有帮助的"和"有价值的"。

你还记得最后一次听到描述一个反馈过程是"有趣的"是什么时候？对于为什么前馈行为对很多人行之有效有众多原因，最终你会发现这是值得一试的。

- 我们可以改变未来。很抱歉，过去的已经过去了。回忆过去有时会很有帮助，但是未来才是能够实现我们脱胎换骨的地方。

- 前馈行为非常适合成功人士的需求。那些旨在帮助你实现目标的想法会让你收获颇丰，并且最后是由你自己做出最终决定来实施，而非他人。

- 前馈行为可以来自任何人。即使是陌生人都可以为你提供有价值的建议。

- 我们不要先入为主。前馈不是关于我们是谁的问题，而是关于我们可能是谁。

- 前馈在满足成功人士的需求方面非常有效，对人们有巨大的激励作用。

- 通过"7秒钟沉默"以及禁止除"谢谢你"之外的任何回答，我们听取前馈要比反馈更加专注。

要知道在提供前馈的过程中对于给予者和接受者都是"安全"的。因为当别人给予你前馈建议的时候，别人不会提起你失败或不堪回首的历史而令你陷入尴尬的境地。而在接受前馈意见时，尤其对于我们当中那些谈话欲望强烈的人，我们也已经无数次地强调他们只能够表达感谢而不能有其他的评价，这样以便更好地帮助他们聆听，对于这些人来说这样的经历还是生命中的头一次。

参与者表示："我不知道为什么，我总是感觉当我和别人交流时应该说些有趣的、有意思的东西。而在这个练习中，我知道不能打断别人且只能回答'谢谢你'，这让我不用去费力思考该要怎么回答，这非常有助于倾听，使我能够更加集中精神听人们正在说什么。"

这对于信息的给予者来说也很"安全"。人们都喜欢自己提供的建议受重视，这样他们会觉得很有成就感。而如今，不管你提供何种意见，都能够收到别人对你的感谢。

你已经获得了他人的帮助，现在你可以继续挖掘那些你重视和信任的人的想法建议。

参考附录 D 可获取更多相关资源

获得成功：通过监督指导跟进行为改变

想象以下场景，有些已经发生，并将持续发生。如果发生在你的公司会是怎样呢？

场景1：在一场销售会议或培训项目中，我们就个人发展和成长进行培训。培训的目的是让大家得到提高，做出有益的改变。但是总因为这样或那样的原因，最后参与培训的人员没有任何改变。美国著名的管理学大师，《高效能人士的7个习惯》一书作者史蒂芬·柯维有一个重要的观点也许可以对此做出解释：紧急的事情总是挡在重要的事情前面，兴奋和承诺消失在黑暗中。

场景2：会议室里，员工正和一个世界500强公司的执行副总裁交谈，副总裁提出了一个很合情合理的问题："参加过这些发展项目的人，有人真正改变了吗？"我们不得而知。

参加过我们个人发展项目培训的人，几乎所有人都愿意将他们所学到的知识应用于工作中，但我们从来自全球范围的超过86 000个参与者的数据中统计出来的结果却是，实际上只有不到70%的人会真正这样去做。

在对于销售公司的调查研究中我们还发现，销售培训与销售人员行为改变上的努力和销售收入、公司利润的提高之间有着直接的联系。

是什么造成了这些差异？愿意将所学知识应用到工作中的这70%的人与没有产生任何效果的30%的人之间有何不同？而

那些只有微弱进步的销售人员与那些成长迅速的销售人员之间又有何不同？

跟进

从我们长期的的工作经验来看，不是每个人都能够实现行为上的积极改变。能否实现行为改变取决于你们自身，取决于你们改变的欲望和目的。

• 思想与付诸实践是有差异的。人们有一个普遍的认识误区：如果人们理解了，人们就会去做。其实不然，一个是脑力活动，一个是身体力行。

• 如果不继续跟进，人们就不会变得更好。成长为一个优秀的销售人员需要有一个过程，这不是一蹴而就的。这个过程需要长期的坚持，就好比是做健身练习。我们有多少人曾经买过、阅读过健身类的书籍？有多少人仍然保留有这本书，就算还保留着，是否已经放在杂物储藏室里，再未练习过？在思想与行动之间有很大的差距，消除这一差距就需要我们不断跟进。

在一项针对 11 000 个参与者的研究中，我们发现那些此后再没有进行跟进的人远不如刚开始的时候有效率：据利益相关者观察，那些经常不断与利益相关者进行跟进的人在效率表现上有飞速的增长。

让我们看一个来自销售领域的例子。我们对一家领先的北美工业产品和服务经销商做过调查研究，在一个有着 2700 个成员的销售团队中，我们将所有人分为 A、B、C 三个小组。A 组人员没有受到任何干预，没有参与我们的任何培训项目；B 组人员参加了我们的销售培训项目；C 组人员自愿参加我们跟进指导过程的不同阶段。他们参加培训项目是每 30 分钟进行一次电话和邮件往来，一共 8 次跟进。

此后我们将培训前后 6 个月的销售业绩进行对比，我们发现：A 组的销售业绩下降了 3.7%；参加了一天销售培训的 B 组人员，6 个月后与 6 个月前的销售业绩相比，增长了 1.1%；C 组人员呢？我们看到此后 6 个月他们的销售业绩有了突飞猛进的增长——上涨了 19.8%。

结论显而易见。

根据我们的调查研究，跟进因素对于销售收入和利润增长的促进作用是相当明显的。

通过跟进指导，我们也可以改变个人的发展路径。

跟进指导并不是培训，但它恰恰是大多数培训中缺失的有效元素。

正如彼得·德鲁克在他的《德鲁克日志》中所言，"不在于答案是否正确，而在于它是否有效"。那么如你所见，跟进指导确实起作用了。

监督指导

回到工作中，销售人员面临着一堆等待处理的事件：客户打电话来诉说要求；一大堆邮件等待回复；还有明天必须要交的文案等。"不会占据太长时间但必须现在完成的事情"每天都在发生，它们开始与那些重要之事抢占你的时间。如果只是为了客户的一个紧急需求，你推迟了一天的职业发展活动，这样做值得吗？当然不值得。那么推迟一周呢？其实结果也没有那么糟糕。但是如果我们将此事无限期搁置，而不进行跟进的话，我们就永远开始不了。

销售与别的工作岗位存在着很大区别。在很多公司，每一个销售人员的销售数字每月、每周甚至每天都要向大家公开。而与其他岗位强调团队合作相比，公司鼓励销售人员之间的竞争。

其他工作岗位的员工每天都去办公室，与同事的座位仅隔几步之遥，每天与小组成员开会或是和同事一起吃饭。而销售人员不同，销售人员通常都很孤独。在每次拜访完客户或者出差途中。他们从来都是自己一个人，销售有的时候是一件很孤独寂寞的职业，而且也许从没有人自愿地为他们提供在线的职业行为辅导。

如果一项练习无需花费任何成本，每天只需10分钟，可以随时随地实施，如果你坚持练习将会帮助你实现行为习惯上的重大改变，你会愿意一试吗？它就是监督指导。类似于此前提到的"前馈"练习。监督指导是基于销售人员忙碌的工作和生活节奏而定制的，没有复杂的程序，只需问几个问题，这也是它帮助我们改变行为的运作方式。

马歇尔

马歇尔的监督指导员名叫吉姆，每天晚上不管他们中的任何一人身处世界的哪一个角落，吉姆都会打电话给马歇尔，向他提问。吉姆已经将此视为生活中不可缺少的一部分。因为一年中有200天时间马歇尔都是在飞机上、火车上和酒店里度过，因此对于马歇尔来说，这些问题绝大多数都是围绕他的身体健康和健身习惯。马歇尔写下吉姆要问的问题，每天晚上他们都会进行这样的交流。

每晚吉姆都会问同样的问题，如"指数1到10，今天你的幸福指数是多少""今天你走了多远的路程""今天你做了多少俯卧撑？多少仰卧起坐"，类似这样的问题一共有17个——17个对马歇尔来说重要的问题，这些问题都与他想要在生活中实现的改变息息相关。所有这些问题都是可以仅用是、不是、一个名字或者数字来回答。这就可以使电话简短而且切中要害。其实，每晚的电话就是一个强制性的跟进过程，尽管每晚可能都会发生一些意外情况，马歇尔和吉姆都能尽量完成80%的问题。如果他们有一晚错过了，他们也会在第二天补回来。吉姆也有一系列马歇尔要问他的问题——两个人互为指导员与学生。

唐

唐的监督指导员名叫布兰特，一个他在圣地亚哥生活时结交了20年的朋友。他们计划每周一和周四的同一个时间通电话，一周两次。在唐的例子中，唐设置的问题与马歇尔有一些不同。布兰特问他的问题围绕三个基本的价值观问题展开："幸福"，这其中包括营养和健康问题；"关系"，这包括他对家人、朋友以及专业人士所做的努力等；"目的"，这是围绕他服务别人以及自我成长的努力而展开的问题。

与马歇尔和吉姆一样，在每一次电话中唐也会问布兰特一些布兰特想要被问及的问题。唐和布兰特经常会在问问题的过程中发现有些问题尤其严重，他们也会停下来稍作思考之后，继续打电话。

"每日一问"

这些常规的、固定的"每日问题"其实就是对行为改变活动的跟进。以下是一些你应该遵循的步骤以便使其更加有效。

步骤 1：设计问题

实行"每日一问"的第一个步骤是设计问题，这些问题能够使你专注于你想要改变的具体行为。关键是你自己列出这些问题，且这些问题必须能够用是、不是、一个名字或者数字就能够回答。

考虑一下你生活中那些你想要重点改进的不良行为习惯，再想一想生活中那些无处不在的日常行为。我们的建议是，从小处着手，由易到难，挑选一些容易操作的小的行为改变。例如你可以设计如下问题：

- 今天我打了多少通销售电话？
- 今天我多少次打断了别人？
- 今天我使用"7 秒钟的沉默"来聆听别人吗？

如果此方式运转得很好，那么我们将从专业的销售领域上拓展开来，拓展到那些将会帮助你提高生活中其他重要方面的问题之上。在附录 E 中，我们提供了一个示例图，让你从你自身的问题着手开始。

不用在乎问题数量的多少。一些人选择的是与工作领域息息相关的问题，如与提高他们目前工作效率相关的问题；另一些人挑选的是对他们个人生活和工作都有影响的问题。我们听到最多的问题数量是 25 个，最少的是 3 个，不管数量多少，关键是那些是你自己列出的问题。

步骤2：选择一个监督指导员

现在你已经列好了问题，你需要挑选一个监督教导员，这个人必须是了解你的人，他对你的生活感兴趣且知道你的兴趣所在。只要对监督指导员的角色认真负责，监督指导员可以是任何人：朋友、邻居、家庭成员或者工作中的伙伴。其实，每天你只需占用他几十分钟时间。但是贵在坚持，因为你们必须每天如此或者至少每周两到三次。

尽管监督指导员自身心甘情愿帮助你，有时候他们也需要一些外在的动力。该动力就是监督教导的过程对他们身上同样奏效。监督指导员可以同时准备一些你每天需要问他们的问题，那么对于你们彼此来说，这个过程就是互惠互利的。

我们认为，与你同一家公司的销售同事是最理想的监督指导员。其实在最具竞争力的环境和销售压力下，也会擦出友情的火花。选择同事作为监督指导员，帮助彼此改善行为习惯、提高个人效率，何乐而不为。对于监督教导员的角色来说，你们应该对彼此的生活感兴趣，发自内心地不认为这是一件讨厌或累人的事情，同时能够保证你们在对他人行为和努力的判断上是绝对自由和公平的。

步骤3：安排电话

第三个步骤是安排你们的电话时间。今天人们几乎可以随时随地拨打电话，尽管如此，尽管只有几十分钟通话时间，但考虑到彼此的时间安排，你们需要提前做出计划。你们可以将通话时间安排在乘坐火车或在机场候机大厅候机时，以便不耽误你们其他的工作安排。关键是有意识地为每次通话安排时间，以及确定彼此谁打给谁。我们发现确定和安排好电话时间非常重要，因为所有"我明天再找时间给你打电话"的说法通常都是应付的言语，永远不会实现。

步骤 4：落实打电话

你可能会觉得每天让他人给你打电话而你又不支付给他人费用是在索取很多，但是不要忘了，这对于你们彼此都是有益的，所以不必觉得愧疚。在打电话的过程中监督指导员只能问规定好的问题，且仅提供积极的反馈。不管对方表现如何，除了肯定对方每一次的进步或成功表现外，监督指导员不允许有任何消极的反馈、不能评判对方的回答，不能问额外的问题或是与此次通话无关的反馈。

步骤 5：记录数据

在此步骤中，你将每一次的问题和回答记录在一个 Excel 表格中，只记录是、不是、人名或数字的回答，没有个人评论，然后每月将该表格发送给监督指导员。

有人会问："难道你就不能通过在日志中记下每天所有的行为改变或是在电脑上列出所有的项目，非要他人的参与才能完成同样的事吗？"尽管那也许是可行的，但是成功的可能性会大大降低。我们中间有多少人有记日记的习惯，但因为工作忙碌或其他原因就搁置了？人们都有惰性，而有他人即监督指导员的参与监督，能够更好地督促我们的行为，尤其是我们不想让他人失望，也不想让我们在他人看来言而无信。因此，即使我们结束了一天的工作而疲惫不堪，如果我们与对方约在下午 7

点通电话，我们还是会如期履约。

监督指导员的监督有效性表现在以下几方面：

（1）监督指导员的督促使得这是一个非常节省时间的方式。知道你喜欢或尊重的人晚上会给你打电话问"今天你向客户真诚地道歉了吗"，即使你知道对方不会有消极的回答或评判，但为了不想让监督指导员失望。每一天你都会更加约束和审视自己的行为，尽量努力去纠正不良的行为习惯。

（2）这个过程让你信心倍增。试想你喜欢或尊重的人每天对你的努力都给予积极的认可。你开始对迈向成功的进程越来越有信心。

（3）从每月的表格中你会看到自己的表现结果。多数时候行为的改变很难量化，你如何知道现在的你比三个月前更有进步了呢？在表格中记录了你每次行为改变的过程，因此你可以看到可衡量的结果。

在任何改变的开端，你还看不到立竿见影的效果。但是如果你坚持数月，每天坚持打电话，坚持回答问题，结果自会显现。

监督指导员的跟进蕴含着什么巨大的能量呢？跟进就是我们衡量进步的方式，以及提醒他人（或我们自己）我们正在努力改变的方式。

通过这些努力所进行的积极活动以及对进步的内在肯定，是通向自我提高的、专注的、有目的的活动。这也是一种与他人（监督教导员）建立信任的方式。

参考附录 E 可获取更多相关资源

你从中学到了什么？

- 转变观念。改变的过程需要两个人的参与：一个人改变，另一个人监督。

- 在为行为习惯改变而付出努力的过程中，争取谁的帮助，争取他帮助什么，以及如何帮助我们。

- 练习"前馈"——为了更好的未来努力。

- 有了跟进我们可以变得更好，有了监督指导员，我们可以随时监督我们的行为改变。

现在你会做些什么？

- 联系你的利益相关者。邀请他们帮助你并让他们列出自身需要改变的地方。

- 与利益相关者建立定期的联系来获得前馈建议。

- 现在就打电话给你的监督指导员，开始"每日一问"吧。

第 **11** 章 寻求帮助 获得想法 取得成功

IN
SALES

第 4 篇

我们已经成功了吗？

在本篇，我们将对新的销售游戏中，如何指导销售人员的行为作最后的总结，并祝愿所有的销售人员在享受工作的同时，都能获得成功！

◎ 销售游戏中采取的新规则。

◎ 数以千计成功销售人员教会我们的关于他们的个人改变努力。

◎ 了解在改变的道路上可能会出现什么困难，以及如何避免这些困难。

◎ 客观判断什么是对你来说重要的事情，以及它们会在工作和生活中的什么情况下显示其重要性。

◎ 现在就设想一个通往幸福的方式，而不是在你有时间的时候。

第 12 章 展望未来

　　这是一个不同于以往的销售游戏。销售环境不同于从前，购买方式也不一样，规则亦不同。"为了成功必须亲力亲为"是新游戏的首要规则，除此之外还有哪些因素呢？概括来说就是提问、学习、跟进以及成长。

如果你购买了一张彩票或抽奖券，你不用在兑奖现场就可以知道你是否中奖。而在新的世纪里，销售的规则可不是如此。为了能在销售的游戏中取胜，在与客户的联系中我们必须亲自拜访，而且我们必须拥有在相处时让他人觉得自然、舒适的能力。在第 3 章中，我们探讨了与他人共处时人们的各种状态，尤其强调与客户相处时沟通交流的能力。这种能力要求我们必须很自然地与他人共处、时刻意识到他人的存在、能够站在他人的角度思考问题以及关注他人的感受。

这是一个不同于以往的销售游戏。销售环境不同于从前，购买方式也不一样，规则亦不同。"为了成功必须亲力亲为"是新游戏的首要规则，除此之外还有哪些因素呢？概括来说就是提问、学习、跟进以及成长。没有人会主动告诉你你想要知道的一切，也没有一个人足够聪明到知晓你的一切疑问，因此，我们需要不耻下问。

提　问

　　我们认为将来有效率的销售人员会不断地向各种利益相关者咨询他们的想法、观点和反馈。这些利益相关者包括目前和潜在的客户、供应商、竞争对手、直接下属、经理，以及公司的其他成员、研究人员。销售经理也会通过产品库存、客户满意度调查、电话、语音邮件、电子邮件、网络等一系列方式获取他想要的反馈信息。

　　提问的趋势在销售人员中表现得已经非常明显。20年前，很少有优秀的销售人员要求对他们的表现给予反馈。而如今，各行业广受尊重的销售经理普遍都会定期要求反馈。你也许已经看到，要求反馈的趋势已经在耐克、雅培、赛科斯以及福特汽车公司这样的国际大公司中展开，而且该趋势在全世界迅速蔓延。

　　提问除了有能够获得新想法和见解的明显优势之外，善于提问的销售人员也正向他人提供一个行为榜样：真诚地提问表现出学习的意愿和服务的倾向，以及一种能够为整个公司做出表率的谦逊态度。

学　习

美国麻省理工学院斯隆管理系资深教授、国际组织学习协会创始人彼得·圣吉在其著作中明确指出学习型组织在未来的重要性，而有效倾听、提问后做出反馈并接受信息对于学习来说很关键。

未来人们会被海量的信息包围，有太多需要接收的信息以至于远远超出了人们的处理能力。对于学习人员来说，面临的首要挑战是信息优先化。据统计，去年一年每秒钟有约有 20 万条信息被发出，在人们的收件箱中收到 1070 亿封邮件。因此，优秀的销售人员需要从如此大量的信息资源中挑选出值得学习的信息。人们需要在有限的时间内迅速将信息优化，进行重组和筛选。未来我们将生活在这样一个世界：各行各业不断进行裁员和资源重组，公司企业要求以更少的人员、更快的速度完成更多的工作。

对于个人而言，种种迹象表明将来全球竞争会愈演愈烈，销售人员将会面临更加残酷的竞争环境；对于整个社会而言，人类各方面需求仍在上升，政府解决各方面社会问题的能力欠缺。因此，那些善于提问、处理信息、高效学习的专业人员将会更有竞争优势。

跟　　进
▼

不管领导者或销售人员最终是否实现了行为改变，克服了不良习惯，人们会不断衡量参与者个人为行为改变而付出的努力。根据我们的调查显示：80% 的人会根据销售人员持续不断的行为改变来衡量他们的表现，而只有7%人仅仅评估这些积极的行为改变所带来的结果，如收入和利润的增长。因此我们认为，只有持续的跟进，人们才会变得更加优秀。有关跟进的研究在第11章已详细介绍，在此不再赘述。

未来，提问和学习将不仅仅是一个学术活动，而是会产生积极行为改变的促进因素。而跟进对于销售人员来说将是一个主要挑战。通过学习在一个快节奏的世界中如何有效跟进，销售人员将会让他们的利益相关者看到一个全新的自己。

成　长

那些经常出去联系客户、询问他人反馈意见、不断学习、积极给予反馈、不断对改变不良习惯进行跟进的人，将会在他们的职业发展道路上一路成长。新形势下，有效的个人成长和发展将比以往任何时候都重要。

从以往的经验来看，人们致力于发展的努力似乎还仅仅停留于发展的"前端"：各行各业的培训、壮大士气的口号、如何实现发展的指导等。人们多数没有注意到发展过程的更深阶段，即对于所学知识的持续应用。跟进学习已经证明，我们在工作中所学到的比我们在课堂上所学到的更具有实践意义。

未来销售技巧的发展不在于"创新"而在于"保持"。这与速成节食法对于减肥的作用原理相似，减肥速成后，关键在于以后如何保持不反弹。因此，人们应将重点放在保证积极持续的个人成长发展上。保证持续的提问、学习、跟进和成长过程，你可以保持与客户的持续联系，你可以一直维持同理心，这样你就能够在越来越不稳定的环境中实现销售业绩的提高。

第13章　永不言弃：有关改变的最后思考

抓住当下，珍惜时间。在我们有限的生命中有多少时间浪费在糟糕的、无效的、徒劳的惋惜和后悔上？我们总是抱怨需要多少努力才能改变我们的行为方式，才能让这个世界变得更加美好。我们的建议是，身体力行，不要把时间浪费在无效的抱怨上。

古人云："借镜观形"，聪明之人善于从他人的错误中吸取经验教训。最后一章中，我们想要帮助你学习该技能，学习从错误中吸取经验教训的能力。

面对面交流很重要

现在很多公司盲目地使用高科技手段与客户联系，来取代面对面的拜访交流。这对于公司来说简直是一个灾难性的打击。客户可能会偏爱某个产品或品牌，但是他们对销售人员更加信赖。人们总是自欺欺人地认为，使用高科技手段、不与客户面对面地交流使得与客户间的交流更为方便，而他们真正的原因是要节约拜访的人力成本。

企业因素是前提

▼

企业因素——指对公司运作以及产品的掌握，它是开始销售的前提。人为因素则会让你更具竞争力——助你成功。

培养同理心

▼

在与客户交往中能够换位思考是客户最希望我们能够培养的习惯。学会在以自我为中心与换位思考之间取得平衡。你越是低调行事、站在别人的角度思考问题、抑制自己强烈的表现欲，你在别人眼中的形象就越是高大。这是怎样一个悖论啊！

为积极的行为腾出空间

▼

在抱怨家里的衣橱总是不够放时，我们的一个培训客户曾经提出了一个很不错的建议。不管你什么时候买新衣服，都要放弃衣橱中的一些旧衣服以便为新衣服腾出空间：如果你买了一条新裤子，那么可以找一条你几乎不再穿的旧的捐赠出去；如果你买半打新毛巾，可以从抽屉里找出六条旧毛巾用作清洁的抹布。总之，选择一个需要放弃的不良习惯，就是在为更多有效的行为习惯腾出空间。学着享受放弃的乐趣。

你总需要改变

▼

据一项数据统计显示，如今人们在一个工作岗位上工作的平均时间是 4.1 年，此后会因为上学、家庭、孩子、疾病等原因而转换工作。一个人一生平均要经历 8 ～ 14 份职业。于是你会发现改变是很自然的状态，你的生活不是静止的。

行动之前再次确认

▼

确定你选择要改变的不良行为习惯是可以"治愈"的。很多公司每天一早会对整个销售团对开会以鼓舞他们一天的士气，内容包括对他们想要推进的产品或服务的回顾以及销售人员今天要推销的产品介绍等。

销售人员经常被迫去推销或用"饥饿营销"手段销售产品；销售经理坚持并要求销售人员每周要打电话给潜在客户（有时销售人员甚至已经被客户要求不要再打了），这些都是销售人员习惯无目的性联系的原因。

有些时候，你可能需要在公司强制实行的行为和你直觉上认为是对的行为之间做出选择。决定权在于你自己。

缩 小 范 围

不要试图去改变所有的不良行为习惯，这是另一个要避免的陷阱。我们也经常需要努力说服那些已经很成功的人士，不是每件事情都需要做到尽善尽美，不是每一个不良习惯都要改正。人们常说，"对于出色工作的最好奖赏就是更多的工作"，这句话最多是用来描述那些追求完美的人。不要对自己过于苛求，一次只选取一个不良习惯。

了解你的敌人

当说到积极的、可衡量的、持续的行为改变时，在你面前总是障碍重重。

时间

"我不知道这个过程会花费如此长的时间，我不确信这样做是值得的。"习惯不是一夜之间就能养成或摆脱的。目标制定者总是容易低估了他们实现目标所需要花费的时间。在为行为改变制定目标时，对于产生积极的持续的结果所花费的时间做出客观的评估很重要。多年养成的习惯不会在一周时间里就消失不见，改变一个不良行为习惯要比你预期设想的时间长

50% ～ 100%，或者更长。

努力

"这比我想象中的要艰难得多。在我们刚开始的阶段这听上去是如此简单。"

目标制定者的乐观倾向似乎都体现在了对困难、努力和时间的评估上。不仅每件事情比我们想象中要花费更长的时间，而且要付出更多的辛苦努力。

在制定目标的过程中，我们必须意识到：真正的改变需要付出无比艰辛的努力。在改变过程的一开始就意识到成功所需要付出的代价，这样当随后的挑战出现时（且它们一定会出现）你就会有心理准备，不至于太过紧张和失望。

分心

"我真的想朝着目标努力，但是现在我正面临一些特殊的挑战和困难。可能如果我现在停下来，等事情不这么糟糕时再做会更好。"

我们还是一如既往地忙碌。目标制定者总是容易低估"分心"的影响和其他目标因素的干扰。我们曾给客户提出意见：我们不确定将会出现什么危机，但是我们几乎可以肯定的是，有些危机一定会出现。

提前为"分心"打好预防针，你将会离成功越来越近。

奖赏与主动权

"首先我不确定这是否会起作用。我尝试了，效果不是非常好。我猜想，这可能是在浪费时间。"

在我们看到一些进步和提升之后，我们没有得到所期望的他人的赞扬。在具有了帮助人们成功实现行为改变的多年经验后，我学到了一个沉痛的教训：只有你会让你自己变得更好。为了真正获得成功的机会，你必须采取主动权，只有自己才能拯救自己。

坚持

"有时候我真的想试着变得更好，但之后我就将它搁置一旁了。"

一旦我们减肥成功，接下来我们面临的是为保持体型而付出的更加艰辛的努力。只有17%的戒烟者在戒烟过程中没有复吸；只有5%的减肥者达到他们的目标体重，只有0.5%的人能够继续维持这样的体重。因此，一旦目标制定者已经付出很多努力来实现目标，而对他来说，面对需要付出什么样的努力来维持新的现状是非常艰难的。

这是冰冷的、无情的、赤裸裸的现实。真正的改变需要巨大的努力，快速纠正很少真正具有长远和实际的意义。分心以及那些影响你注意力的事情不断地出现，改变任何一种行为都不会解决生活中所有的问题，而任何有意义的改变都需要不懈的努力。

没有完美的行为

▼

要理解和接受这样的事实：生活中总会有人比你高/矮、

快 / 慢、富有 / 贫穷、更好 / 更坏。对于自己的评价完全取决于自己的心态，而不是你与他人的比较。你只需要选择对你来说影响最大的习惯进行改变，直至在你看来它对你没有任何影响。

统 计 衡 量

对于不良行为习惯的衡量有助于你对它的改变。我们让你在监督教导的过程中列出一些尽可以通过是、不是、一个名字或数字就可以回答的问题，这样你可以对回答进行追踪，观察自己的行为变化。不要等到最后阶段，在人们修复他们行为缺陷的每一个进程中我们都可以给予掌声，不要吝啬你的表扬。

立 刻 行 动

抓住当下，珍惜时间。在我们有限的生命中有多少时间浪费在糟糕的、无效的、徒劳的惋惜和后悔上？我们总是抱怨需要多少努力才能改变我们的行为方式，才能让这个世界变得更加美好。我们的建议是，身体力行，不要把时间浪费在无效的抱怨上。

现在问问你自己，我愿意做出什么改变？然后现在就去立刻行动起来吧！

尾　声

如我们所述，销售与众不同：销售的职业与别的职业不同，销售人员的生活也与别人的生活不同。

现在让我们深呼吸，想象你已经 95 岁了，此时有一个小小的礼物，就是现在你可以咨询未来的你，让未来的你给出一些建议。我们的问题是："未来的你会告诉现在的你什么呢？在个人生活和工作上，未来的你会给现在的你什么样的建议呢？"我们已经无数次问过这些问题，现在我们已经能够猜到人们的回答了。

我们回顾对那些年长者的研究，以便找出对于即将走到生命尽头的人来说，什么对于他们来说是重要的；同时我们还对那些极其成功人士的幸福感进行调查，他们已经拥有他们想要的一切，他们感到有多幸福呢？猜一猜我们发现了什么？

作为提示，我们引用来自马克·吐温的一句话："现在我已经是一个老人了。我担心的事情有成千上万，然而它们中的绝大部分从未发生过。"

从小到大，有多少我们觉得如此挣扎和痛苦的事情，在那些正走向生命尽头的人和那些成功人士看来，已经不算什么。他们已经看透人生，他们觉得，生命也许是不公平的，但生活是美妙的。

因此，我们的建议是，对想象中的压力和不公正释然。想一想，在生活或工作中你想要放弃的不良行为是什么？你想要故意避开谁？有没有人当你与他们待在一起时觉得很不舒服，在他们面前你感到莫名的压抑和紧张？你总是担心这样的结果是不是由于你的错误导致？太多的思想负担可能会将你整个人击垮。

- 记录下来。书面呈现你现在要避免的人或事。
- 展开第一步。接近他，直面你的躲避和紧张。
- 卸下负担往前看。

这样将会使你得到完全的释放。你会为你此刻如此良好的感觉而惊讶，你也会惊讶于现在的自己是如此有效率。

我们给出的第二个有用的建议是坚持你的梦想。不管它是学习一门新的语言或者新的乐器、旅游、当志愿者，或者重新维护一段即将失去的关系或习惯。坚持梦想——如何做呢？以下是我们认为对你来说最重要的两条建议。

- 记录下来。在写下来的文字中蕴含着强大的力量，记录下你想要完成的事情。
- 给自己写一封信。信中写出你的梦想和建议，你可以不用将它们寄出。写一封信给你的家人、朋友或其他对你来说重要的人。在信中告诉他们你的梦想。我们再次强调，勇敢表达出你的梦想将会帮助一切成真。

　　我们总是如此忙碌，总是说"当……时我就会感到幸福"。下面的话也许听上去很耳熟：

　　"当我将这个项目完成时我就开始用跑步机。"

　　"当孩子大一些的时候我要学习高尔夫、吉他或者钢琴。"

　　"当我不那么忙的时候要带母亲去乘坐热气球观光。"

　　本书的内容就到此为止了。现在就去享受积极的行为改变过程；找出适合你的迈向成功的方式吧！

　　做一个幸福快乐的销售！

附　录

附录 A

▼

注意力意识量表

指导说明：接下来是一些你的日常行为活动。使用数字
1～6 表示在每一种行为活动中你目前的频繁程度。根据你真实
的行为表现进行回答。独立对待每一个项目。

	几乎总是	非常频繁	有些频繁	有些不频繁	非常不频繁	几乎不
我可能正在经历某种情绪，但直到过后才意识到	1	2	3	4	5	6
我因为粗心、不专注或正在想别的事情而打破东西	1	2	3	4	5	6
我发现很难专注于当下正在发生的事	1	2	3	4	5	6
我总是飞快地走到目的地，通常不会注意沿途的风景	1	2	3	4	5	6
我总是不在意身体上的紧张或不适的感觉，直到它们真的影响到了我	1	2	3	4	5	6
我总是在别人刚刚告诉我人名后就忘记	1	2	3	4	5	6
我似乎是个自动运转的机器人，意识不到自己究竟在干什么	1	2	3	4	5	6
我总是匆匆忙忙地做事，而非对此真正上心	1	2	3	4	5	6

	几乎 总是	非常 频繁	有些 频繁	有些 不频繁	非常 不频繁	几乎不
我太专注于我想实现的目标，而忽略了为实现目标要付出的努力	1	2	3	4	5	6
我是机械地工作，而不会真正意识到我正在做什么	1	2	3	4	5	6
我发现我总是一边听着别人说什么，同时还在做着其他的事	1	2	3	4	5	6
我利用自动驾驶仪在路上行驶，然后忘了为什么我要去那儿	1	2	3	4	5	6
我发现我自己总是沉浸在畅想未来或者回忆过去的情绪中	1	2	3	4	5	6
我发现我在做事情时总是不能集中注意力	1	2	3	4	5	6
我总是无意识地在吃东西	1	2	3	4	5	6

统计分数，计算出 15 道题的平均值。分数越低，说明你做这些行为越频繁。

附录 B

选择停止何种不良行为习惯

指导说明：选择一个最影响你行为效率的不良习惯。为了突出强调这些习惯，标记出"重点内容"来指导你如何进行选择。你需要写下与此相关的行为，以及你如何知道该习惯已被克服。

习惯 1——不能专注于当下：在与别人沟通交流时总是表现得心不在焉。

习惯 2——过度使用不当口头用语：过度使用没有必要的口头用语。

习惯 3——过度销售：强制表达和执行销售过程中每一个可能的步骤。

习惯 4——选择性倾听：在与客户交流时，缺乏积极的倾听。

习惯 5——无目的的交流：缺乏有效的商业目的（不仅表现于销售目的）而进行的沟通交流。

习惯 6——以貌取人：仅依据表面印象肤浅地做出判断。

习惯 7——饥饿营销：也被视为"销售扼杀星期六"。

习惯 8——超越对方：在与人沟通交流时，总是想凌驾于他人之上，以显示你的聪明才智。

习惯 9——过度热情：使用不当的亲密语言或动作。

习惯 10——难以始终充满激情且精力充沛：容易忘记人们喜欢在感性的基础上做出判断，然后再用理智去验证。

习惯 11——为失败找借口：销售人员一厢情愿地认为，客户会相信并满足于他们为失败或错误而找的借口。

习惯 12——拒绝道歉：缺乏为个人或公司的错误道歉或承担责任的能力。

习惯 13——将责任推卸给他人：因自己工作上的失误，将责任推卸给他人。

习惯 14——过度地宣传推销：销售中过度依赖公司的产品服务，过度进行推销。

习惯 15——浪费精力：在公司做无用的抱怨、责备与惋惜。

习惯 16——过于追求销售数字：在牺牲其他资源的基础上实现和完成销售目标。

如何选择需要停止的不良习惯

重点内容——缩小范围

三强鼎立理论——每一个行业发展到最后都会形成由三个大公司所主导的局面。我们要认识到数字"3"的重要性，以及将不良行为习惯的选择缩小至三个以内。

信息或情感——回顾这 16 条不良习惯的每一条，你会发现这些习惯的践行者都会遭受信息或情感的过剩或缺乏。因此，当你在人际交流出现问题时，首先从审视自身开始。你是否在传达信息或表达情感上与客户的需要不匹配？

重点内容——搜集数据

随意的评论——对于别人如何评价你以及你如何评价你自己，努力成为一个"一流的观察者"。

静音键——你同样也有这样的能力，忽略他人正在使用的言语，只专注于非语言的交流。注意肢体语言——亲近、眼神交流和其他人际交往的舒适或不适的暗示，将会有助于你的观察思考。

将不良习惯清单拿回家——将你的不良习惯清单拿回家，交给对你来说重要的人看，让他们挑出在你身上表现得最严重和最不严重的习惯。

重点内容——选择一种行为

能量法则——任何情况下的改变都需要付出精力。确保你拥有意识到需要改变的能力。

备注_____

_____

_____

_____

_____

选择需要停止的不良行为习惯：落实行动

指导说明：选择一种对你有较大影响的不良行为习惯，努力改变直至它对你不再有负面影响。

为了与那些对我来说重要的人更有效地交流（客户、同事、家人、朋友），我想要停止做的事情是：

_____

_____

_____

_____

相关"习惯"：＿＿＿＿＿＿＿＿＿＿＿＿＿＿＿＿＿＿

我如何知道它对我已经没有影响：＿＿＿＿＿＿＿＿＿

＿＿＿＿＿＿＿＿＿＿＿＿＿＿＿＿＿＿＿＿＿＿＿＿＿

＿＿＿＿＿＿＿＿＿＿＿＿＿＿＿＿＿＿＿＿＿＿＿＿＿

＿＿＿＿＿＿＿＿＿＿＿＿＿＿＿＿＿＿＿＿＿＿＿＿＿

＿＿＿＿＿＿＿＿＿＿＿＿＿＿＿＿＿＿＿＿＿＿＿＿＿

＿＿＿＿＿＿＿＿＿＿＿＿＿＿＿＿＿＿＿＿＿＿＿＿＿

＿＿＿＿＿＿＿＿＿＿＿＿＿＿＿＿＿＿＿＿＿＿＿＿＿

附录 C

▼

获取帮助

指导说明：回顾围绕寻找利益相关者的章节。记录下你将要寻求帮助的人名，以及你想要他们扮演的角色。然后简要列出你具体想对他们每一个人说的话。

- **失调 vs 和谐**。人们总是以他们固有的先入为主的方式看待他人（可以是积极的或消极的）。可能你需要付出 100% 的努力才能换取他人 10% 的肯定和信任。

- **广告宣传**。如果你告诉他人你正努力改变，且对你想要提高的方面有具体的想法，那么你成功的概率就会大大提高。因为现在你的努力已经在他人的监督之下了。

- **多次努力**。多年来的经验告诉我们，需要不断地进行接触、宣传才能创造大众对产品的意识、兴趣、接受度和购买欲。个人改变也不例外。

- **利益相关者：争取谁的帮助**。拥有资格的人包括工作上的伙伴、家人、朋友等，总之，那些知道你的兴趣所在的人、那些与你有过共同经历的人都是能够帮助你的人。

- **利益相关者：他们所扮演的角色**。他们需要扮演的角色是智囊军师、在线支持和责任保证。你从他们身上想要得到的反馈是，目前你进展得如何（前馈），对于未来的想法，以及监督教导。此过程通常是双向参与。

● **利益相关者：如何让他们参与。**解释你需要达成的目标；他们耐心倾听和指导帮助；简要介绍双方参与的过程，以及对方对你实现目标的预期。

获得帮助的行动：利益相关者候选人

指导说明：列出 3～5 个你认为满足刚刚讨论条件的利益相关者候选人。你不必从每一个人那里同时得到这三个需求——反馈、前馈、监督指导。

候选人／角色：＿＿＿＿＿＿＿＿＿＿＿＿＿＿＿＿

候选人／角色：＿＿＿＿＿＿＿＿＿＿＿＿＿＿＿＿

候选人／角色：＿＿＿＿＿＿＿＿＿＿＿＿＿＿＿＿

候选人／角色：＿＿＿＿＿＿＿＿＿＿＿＿＿＿＿＿

候选人／角色：＿＿＿＿＿＿＿＿＿＿＿＿＿＿＿＿

获得帮助的行动：你的需求

解释我的目标——我努力想改变的是什么，我希望摆脱的不良习惯是什么？＿＿＿＿＿＿＿＿＿＿＿＿＿

＿＿＿＿＿＿＿＿＿＿＿＿＿＿＿＿＿＿＿＿＿＿＿

寻求他们的帮助——我想从他们身上得到什么帮助（反馈、前馈、监督教导还是三者皆有）？＿＿＿＿＿＿＿

＿＿＿＿＿＿＿＿＿＿＿＿＿＿＿＿＿＿＿＿＿＿＿

＿＿＿＿＿＿＿＿＿＿＿＿＿＿＿＿＿＿＿＿＿＿＿

＿＿＿＿＿＿＿＿＿＿＿＿＿＿＿＿＿＿＿＿＿＿＿

概括整个过程——一周几次电话，每周电话会议，还是面对面地交流？＿＿＿＿＿＿＿＿＿＿＿＿＿＿＿

设置预期——他们对我有什么期望？

　　积极聆听，没有打断、评判、解释或反驳，对于他们的付出和参与表示感谢。

附录 D

获取想法：前馈过程

指导说明：回顾向利益相关者征集前馈意见的经历。与1～3个利益相关者进行简短的前馈会话，记录下你接收到的信息，养成寻求意见、倾听然后表达感谢的习惯。

你需要扮演两个平行的角色。在第一个角色中，你向别人提供前馈意见——为他人未来的发展提供建议；在第二个角色中，你向别人征求前馈意见。整个过程持续15分钟，大多数参与者进行的都是简短的对话。整个过程如下：

（1）找一个搭档，简要描述你已经选择要停止的不良行为习惯，如"我不想再使用'饥饿营销'作为销售手段了，我不想让他们觉得迫于压力而购买"。

（2）向对方寻求前馈意见，寻求至少两个对你的改变产生积极作用的意见。

（3）积极认真地倾听并记录下每条意见的相关要点，在倾听过程中禁止评论。这就是我们所谓的"7秒钟沉默"。

（4）向对方表达感谢。

（5）询问对方想要做出的改变是什么。

（6）向他人提供两条前馈意见，帮助他人实现积极的行为改变。

（7）对他人的感谢说"不客气"。整个接受与提供前馈意见的过程最多不超过 3 分钟。

选择的行为：_____

前馈意见：_____

_____

_____

_____

_____

_____

_____

附录 E
▼

获得成功：监督教导

问题模板

指导说明：列出监督教导员将要向你提问的"每日问题"清单。以下是帮助你激发问题灵感的问题模板。让你的监督教导员写下这些问题，然后安排与你的通话。不用填完每一个空白。挑选那些对你来说重要的问题。

提问规则：问题必须是能够用是、不是、一个数字或名字就可以回答。没有消极的反馈或讨论。必须定期实行。

日常问题模板

价值导向	关注点	问 题
幸 福	营 养	今天吃了多少巧克力？
		今天你吃水果蔬菜了吗？
	健 康	今天的体重是多少？
		最后一次跑步跑了多长时间、跑了多远？
	心 灵	今天你有表现得不耐烦吗？
		你现在幸福吗？
关 系	家 庭	你对家人说表示赞美的话了吗？
		有和谁一起看了 15 分钟电视？
	友 情	你今天借钱给谁了？
	专 业	今天你与谁进行了有目的的接触？

价值导向	关注点	问　题
		你有花 15 分钟思考下一个职业吗？
		你今天说了"不／厄／尽管如此"等口头语吗？
目　的	成　长	今天你为业务发展而阅读了吗？
		今天你记录自己的表现了吗？
	服　务	除家庭成员之外你帮助了谁？
	转　化	今天在家里使用"饥饿营销"了吗？
		今天你认真工作了吗？